いつもの授業が

算数授業の

言い換え

ノート

もっとうまくいく

福岡教育大学附属
福岡小学校

渡邉駿嗣

明治図書

はじめに

　皆さんは，算数の授業の中でどのようなことを大切にしていますか？

「問題提示」の仕方ですか？
「自力解決」の方法ですか？
「交流活動」の活性化ですか？
「まとめ」を子供たち自身が考えることですか？

　上に挙げたものは，私にとってはどれも授業を構成するために大切な，「主役級の役者たち」です。

　しかし，主役級の役者ばかりだと，授業の中で，それぞれの役割をつなぐときにどうしても無理が生じてしまいます。それを円滑にしてくれるのが，「教師の発する言葉」だと考えています。教師の発する言葉が，それぞれの役割をつないで，子供たちの頭の中で算数のストーリーができあがっていきます。算数の学習の中で，「おもしろいきまりを見つけたよ！」「これだったらどうなるだろう？」などとつぶやく子供の姿を想像するだけでにやにやが止まりませんよね。その中で教師の発する言葉は，いわゆる「バイプレイヤー」的な存在といったところでしょうか。

　ただ，そのバイプレイヤーにも様々なタイプが存在します。適切な役者と組み合わせないと，授業がうまいこといきません。こちらが考えに考えてキャスティングした「教師の言葉」なのに，子供の思考に作用しなかったら…と考えるとその言葉一つひとつの重みはわかってもらえるのではないかと思います。

とはいえ，教師の言葉は授業を成立させる上でなくてはならないものです。教師は，授業の中で指示をしたり，問いかけたり，ときには考えをまとめて説明したりと発言の種類も豊富です。できることなら，主役たちの活躍を邪魔しない程度に，そのときそのときの場面に応じて「カチッ」とはまる言葉かけをしたいものです。

　そこで，本書では，算数の授業中に使ってしまいがちな「NG言葉」を，どうしてNGなのかという解説とともに，こうするとうまくいくよという「OK言葉」に言い換えています。さらに，その「OK言葉」をより効果的に活用するために必要な準備や板書，問題の設定などの主役級の取り扱いについても説明しています。

　言葉かけ「だけ」，板書「だけ」，問題設定「だけ」を極めても意味がないと思っています。それぞれがかみ合って，子供たちが活発に思考する素敵な算数の授業をつくるために，言葉かけを中心に据えて考えてみませんか？

　算数の授業づくりに悩む全国の先生が，本書を通して算数の授業をする上で「教師の言葉かけ」を少しでも考えるきっかけになればよいなと福岡の地から思っています。

2024年5月

渡邉　駿嗣

CONTENTS

CONTENTS　005

Chapter 1

算数授業の
「言い換え」
4つのポイント

「よい発問」とは何か
を考える

先生たちは授業中どのような言葉を発しているのか？

「7＋4」という計算問題があったとしましょう。それに対して教師が，「7＋4の計算をしましょう」と言うとそれは**「指示」**になります。また，「7＋4は11になりますね」と言うとそれは**「説明」**になります。そして，「7＋4を計算すると答えは何になるでしょうか」と言うとそれは**「発問」**になります。

このように，教師は授業の中で様々な種類の言葉を使って子供たちに話しています。ここに出てきた「指示」「説明」「発問」をまとめて「指導言」と言います。ここで言う指導言は，

意図をもって教師が発する言葉

と定義します。つまりは，教師は45分間の授業の中で，意図をもって「指示」「説明」「発問」をしていくことが必要だということです。

算数科においては思考力を発揮する場面が多いことから，特に「発問」を中心として子供の思考を深めていく必要があります。もちろん，発問ばかりでは授業は成立しませんから，指示をしたり，説明をしたりしながら子供の思考を活性化させていきます。ただ，この割合が難しいところです。どうしても，教師の指示や説明が多い授業は，子供たちの顔もキラキラ輝いていません。教師ばかりが喋っている授業は，気づかないだけでかなり多く散見されます。そしてそういった授業は「問いの質」も十分ではないことが多くあります。

「問いの質」を担保しつつ，「指示」「説明」「発問」のバランスを考えていく必要がありそうです。

🗨 「よい発問」とは？

　例示した「7＋4」の計算問題において「よい発問」とは何でしょうか。この単元では，「被加数，加数のどちらかの数を分解し，10を構成したのち，端数と合わせて和を導き出すこと」が大切な学びです。つまり，「10をつくったよ」「4を3と1に分けたよ」なんて言葉を子供から引き出すように発問しなければ，どれだけ発問をしても目指す子供の姿にはたどり着かないということです。

　では，どのような発問が適当なのでしょうか。子供たちが自力解決を行ったあとに，よくやりがちな発問をここで挙げてみましょう。

「答えは何になりましたか？」

　もちろんこれも大切な発問です。答えを確かめるという点においては，授業の中で教師の発問ランキングをつけるなら上位に食い込んでくるレベルです。ただ，前述したようにこの学習は，「10をつくったよ」「4を3と1に分けたよ」なんて言葉を子供から引き出すことがポイントであり，それを子供たちが具体的操作物（ブロックやおはじきなど）や計算のプロセスを言語化した言葉の式などで説明することが大切です。そのためには，

「どうやって計算しましたか？」

　と問うた方が，子供は「7はあと3で10だから」「4を3と1に分けて」と言い始めることでしょう。そうなったら，「では，ブロックを使って友達に説明してみましょう」という**指示**を出せばよいのです。「よい発問」とは，子供の思考を加速させたり，立ち止まらせたりするものであるとも言えます。そのために，発問を中心として考え，それを支えるための指示や説明を入れていくことで指導言のバランスがとれていきます。

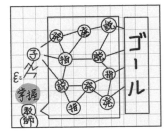

「他の指導言」との
組み合わせを考える

指示・説明・発問の比はどのくらいが適切？

　前項では，「指示」「説明」「発問」の違いと，発問の仕方について述べてきました。ただ，2ページ読んでもらっただけでおわかりいただけたと思いますが，それぞれをバラバラに考えていても授業は成立しません。この3つをベースに考えつつ，子供の思考の流れに沿って「今はこの指示が適当だな」「そうきたか。じゃぁ，この発問をしてみよう」と，絶えず全体の流れを読みながら場（授業）をコントロールしていきます。とは言え，表向きは子供たちが「ぼくたちが学習を進めている」と感じてほしいところです。教師の見えないコントロールの中で，子供たちが思考していくことが大切です。

　「じゃあ，指示，説明，発問をちゃんと考えてたらいいんでしょ！」と思われるかもしれませんが，それだけではどうしても立ち行かなくなります。なぜなら，子供に問えば，それをまとめるための説明を付加する必要があるし，そこから子供がやりたいことが出てくればそれを促す指示をする必要があるからです。そう考えると，「指示」「説明」「発問」は独立しているものではなく，互いに依存しているとも言えます。ただしその比率は指示：説明：発問＝1：1：1ではないと考えています。やはり，子供の思考を進めるのは「発問」であるからです。私は指示：説明：発問＝1：1：3くらいを理想として授業を進めています。授業をつくるときにはこの比率も意識する必要があります。

3つの指導言を組み合わせるテクニック

　3つの指導言を組み合わせるということについて述べてきましたが，その組み合わせは無限です。しかし，子供の思考を加速させるという点において

言えば，かなりその組み合わせは絞られてきます。

　2年生「三角形と四角形」の単元において，三角形を1本の直線で分けてできる形について話し合っている場面を例に挙げましょう。まず，子供たちは三角形を頂点と辺で分けると三角形が2つ，辺と辺で分けると三角形と四角形ができることを理解します。それを，教師の**説明**によって補足してあげます。そのあと，子供の思考はどのように発展するでしょうか？　ここがまず1つ目の分かれ道です。この説明のときにわざと「**この三角形は**」というように強調しておきます。そうすれば，子供は「他の三角形はどうかな？」という思考になっていきます。そのあと，「次は何を調べたい？」と**発問**したときに「他の三角形でも同じようになるか調べたいです」となるわけです。

　もし，子供から出てこなければ，「たまたまこの三角形だからできたんじゃない？」なんて**発問**をすると子供の思考はそちらにグッと寄っていきます。そこに，「どうやって調べる？」とか「三角形もいろいろな形があるけれど，どんな三角形ならできそう？」などと関連する発問を組み合わせておきましょう。そうすれば，「では他の三角形でも調べてみましょう」という**指示**が違和感なく自然な指導言として伝えることができます。

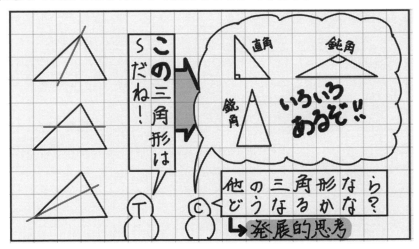

「自分が子供だったら」を考える

教師→子供→教師の思考

　授業を考えるときに「どのような子供の姿を目指したいか？」ということを一番に考えますよね。ここをスタートに考えないと，どうやっても授業はうまくいかないと思っています。研究授業等の協議会でも，子供の姿で語らないと，その姿に迫る手立てが有効であったのか？　そもそもその姿は目指すべき姿だったのか？　という深い協議にはなりえません。目指す姿に向けて，手立てを打っていくわけですからこの順番は変えようがありません。ここで私がもう１つ考えていることがあります。

自分が子供だったらどんな授業が楽しいかな

　ということです。主語を教師から子供に置き換えるという言い方の方が似合うかもしれません。「こんな問題だったら考えたいな」とか「ここは友達と話したいな」とか，45分１コマを，子供になったつもりでロールプレイしてみます。そうすると，必然的に「子供の言葉」が増えていきます。「○○の単元で学習したことに似ているな〜」などの呟きや「私は，この方法でやってみたんだけど」などの友達との話し合いなどがロールプレイを通して浮かんでくるわけです。

　ここまで出てくると，あとは，その言葉が出てくるために何を用意したらよいのだろうということを考えていけばよいのです。もちろん問題設定や場面の工夫も大切ですが，その中に「指示」「説明」「発問」の３つの指導言を盛り込んでいくわけです。そうすることで，子供が生き生きと活動したり思考したりする授業が構成されていきます。

💬 どんな言葉を発するかで子供の思考は変わる

　前項で述べたように，子供視点で考えることで，何を言えば子供の思考が深まるのか見通すことができます。裏を返せば，教師が何か言わないと子供は思考を始めません。少し具体例を挙げて考えてみましょう。4年生の面積の学習において，L字型の図形を提示したとしましょう。ここで先生は何と言いますか？　これまでに述べてきたことをまとめると，おおよそ次のような声かけになるのではないでしょうか？

・この形の面積を求めましょう。（指示）
・この形の面積は今まで通りの計算では求めることができません。（説明）
・この形の面積を求めることはできますか。（発問）
・どうしたらこの形の面積を求めることができるでしょうか。（発問）

　こう並べて見ると，「L字型の図形の面積を求めさせたい」という方向性は同じですが，子供の思考としては少しずつですがずれがあります。例えば，「この面積を求めましょう」と指示すると，「今までの考え方だとできないな」という**疑問**が生まれるでしょう。「この形の面積は今まで通りの計算では求めることができません」と説明すると，ここでも「どうして今までの方法ではできないのかな？」という**疑問**が生まれます。そして，「どうしたらこの形の面積を求めることができるでしょうか？」と発問すると，「今までの方法はそのままでは使えそうにないな。正方形や長方形なら求められるのだけれど…」という**疑問**が生まれます。どの指導言についても，共通して**疑問**が生まれています。子供が，潤滑に思考を進めていくために，子供たちの実態に合わせてどの指導言から疑問を引き出していったらよいのかを教師が選んでいく必要があります。

POINT 04

「指導言の一発屋」 にならないように

教師は情報番組の MC!?

　常々，教師という仕事は，情報番組の MC の仕事に似ているなと思っています。似たような言い回しで，ファシリテーターとか，伴走者とか言われることもありますが，他の言い回しよりもイメージがつきやすいという点で，研修会などでもこの「情報番組の MC」を目指す姿として推しています。そもそも，どうして情報番組の MC を推しているかというと，その仕事の中身を見てもらえば一目瞭然だと思います。具体例をもとに考えてみましょう。

　とあるニュースについて番組が取り上げました。ここで MC は，「○○で〜なことがありました」と言います。そのあと，フリップにまとめられた資料や動画などを見せるときに，「この資料をご覧ください」と言います。そして，「どうしてこんなことになったんでしょうね」と言います。それに応じるようにコメンテーターの専門家やタレントなどが会話に参加してくるという構図はよく見かけますよね。ここまでページを読み進めてこられた皆さんならすでにお気づきかと思います。そう，MC の仕事も「説明」「指示」「発問」を組み合わせて進行をしているのです。最近はお笑い芸人や俳優がこういった情報番組の MC になることも多くなってきました。それは，元々ネタや演技の中で，そういった構成を日頃から目にしていることも影響しているのではないかと考えています。

　さて，個人的な考察はここまでにしておいて，情報番組の MC と教師の役割が近似していることはおわかりいただけたと思います。もちろん，そこには，どのような方向性にしたいのか，そのためにどのようなネタをもってきたらいいのか考えていく必要性がありますが，私は，毎日 MC をやっている気分で教壇に立っています。

💬 MCの「NG」は？

　毎日，教師というMCをやっていると，どうしても授業をうまく回せていない時間が生まれます（本来は，子供たちが進めることを前提としていますが，ここでは便宜上，教師側の立場で述べています）。その時間を分析すると，「説明」「指示」「発問」が噛み合っていないということに気づく授業もあります。それを私の中で「一発屋発問」と呼んでいます。呼び方がそれでよいかどうかは別にして，この「一発屋発問」によって授業はうまく回らなくなっています。やりがちな「一発屋発問」について，具体例を挙げて説明します。

　「7＋4」という計算問題に対して「7＋4を計算すると答えは何になるでしょうか」と発問をしたとします。この発問に子供は何と答えるでしょうか？　「11です！」というのが，最初に思いつく子供の言葉ではないでしょうか。ここでは子供は，教師の発問に沿って素朴に考えを述べたまでです。

　しかし，学習指導要領解説算数編の1年生「A　数と計算」領域の目標の中には，「10とあといくつ」という見方を働かせる必要があると書かれています。先の発問ではその見方が働いているとは評価できません。ということは，この発問で終わってしまうと先ほどから述べている「一発屋発問」になってしまいます。そこで，そのあとに，「どのように計算したのですか」と追加の発問をします。そうすることで，「7を10にするために…」とか「4を3と1に分けて…」なんて言う子供の多様な発言が表出するわけです。これによって，学習指導要領の中に書いてある算数の目標を達成するだけでなく，子供の思考を分断することなく，自然な流れで子供の思考の言語化を促すことができるようになります。

　「一発屋発問」。言い換えるならば，「深まらない浅い発問」とでも呼ぶべきでしょうか。常々，子供の思考を止めないように「どう言えば，子供は次の思考ができるだろうか」と考えています。

Chapter2

場面別
算数授業の
「言い換え」
事例60

CASE
01　前時をしっかり振り返らせたいときに

NG　この前は何をしましたか？

OK　この前の学習でポイントとなるのは
何でしたか？

どうして NG?

　前時で学習したことを振り返って本時に生かすという流れは，一般的です。
そんな前時の学習内容を問うためについつい言ってしまいがちですが，問うて
いることは，結局学習の「対象」であり，内容ではありません。ピンポイント
で学びを振り返って本時の内容につなげるためには，子供の思考に訴えるため
のより効果的な発問が求められます。

言い換えのポイント

「したこと」ではなく，「学んだこと」を引き出す

　子供はこちらが聞いたことに対して，ストレートに考えをぶつけてきます。
仮に，NG ワードとして挙げている「この前は何をしましたか？」と聞かれ
れば，「あまりが出るわり算をしました」と答えるでしょう。

　さて，この「発問」には，前時の振り返りの機能が備わっていません。あ
くまでも，学習した「対象」を聞いているだけで，その奥にある算数の本質
的な部分には触れられていません。発問は子供の思考に作用するようにでき
るだけ端的に伝えることが大切です。「この前の学習でポイントとなるのは
何でしたか？」と 1 ターンで振り返った方が，子供の思考は拡散しにくくな
ります。この発問をするだけで，例えば「割り切れなかった数はあまりとし
て残しておきます」という数学的な見方・考え方がピンポイントで表出しま
す。さらには，その説明をするときに「9 ÷ 2 の計算をしたときに」という
学びの対象が出てくることが理想的です。

隣同士での確認の場を設定する

　前時の振り返りは，学級全員を同じ土俵に乗せるためにとても重要な役割を担っています。そんな大切な時間を，1人2人の子供がパパッと説明して，「そうだったね」と進んでしまってはいませんか。その子たちの発言で，どれだけの子供たちが「うんうん，そうだったな」と納得できているでしょうか。せっかく的確な発問をしても，全員が納得して進むことができなければ，発問をした効果が全くなくなります。今日の内容に入りたいという思いを一度ぐっとこらえて，隣同士で前時の学びの確認を行いましょう。発問をしたあとに位置づけて，確認をしてから全体での振り返りの場を設定することで，発問の効果は格段に上がります。

ノートやタブレットで振り返る習慣を

　既習の内容であるとしても，話し合いが空中戦になると収集がつかなくなるところか，本時の内容にも影響が出てきます。前時のノートやタブレットに蓄積された学びの履歴などを使いながら話し合いたいところです。子供が構造化されたノートやタブレットの履歴をもとに前時の振り返りを行うこと

ができるようになれば，「この前の学習のポイントは何ですか？」と問われても，自分のノートなどから関連する言葉を抜き出し，本時の学びにつなげようとすることができます。振り返りの要素としての学びの履歴の蓄積は算数科にとってとても重要です。

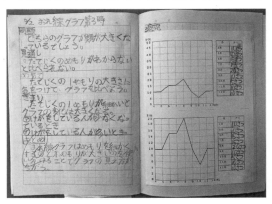

CASE
02　問題の提示の仕方を工夫したいときに

NG　今日の問題はこれです

OK　今日はどんな問題が
出てきそうですか？

どうしてNG?

　基本的に，算数の学習は教師が問題を提示しないとスタートしないということが一般的です。しかし，唐突に問題を提示しても，既習と結びつける力は働きません。あえて，子供に「問題の予想」をさせることで，今まで習った問題やもっと○○な問題が出てくるのではないかという想像を働かせることができます。

言い換えのポイント

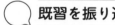 既習を振り返ることができるように「素材」を用意する

　「さぁ，どのような問題が出てくるかな？」と問うても，子供たちがその問題を想像するための材料を用意しなければなりません。よく見るものとしては，教室の側面に，教師が各時間のポイントや流れをまとめた模造紙を貼っているものがあります。「この前の学習で何したっけ？」と前時に思いを馳せることができる子供は，その掲示物を見ながら，今日の問題を想像していきます。しかしながら，忙しい中に，そんなにたいそうなものをつくる必要があるか？　と言われれば，そうでもありません。学習の最初に，前時の問題を貼ってあげるだけでも，子供の思考は掘り起こされるでしょうし，毎日の板書をタブレット端末で共有しておけば，子供が好きなときに学習内容を振り返ることができます。素材があれば，子供はそれを料理しようとします。どのような素材を子供に用意して，どんな言葉をかけるかということが大切になってきます。

想像するときの範囲を狭めてあげる

　問題を想像するときに，やってしまいがちなこと第１位は，「突拍子もない問題を考える」ということではないでしょうか。子供にどんな問題が思い浮かんだか聞いたときに，思ったものとは全然違う方向の問題を言う子供がいてもおかしくありません。そうなると，今日学ばせたいことが定まらなかったり，ぶれてしまったりして授業どころではなくなります。

　そこで，「問題を想像するときの範囲を狭めてあげる」ことが大切です。「条件を統制する」と言ってもいいでしょう。例えば，２年生で，かけ算の学びを進めてきたとしましょう。前時では，６の段を学んでいます。そんな折に，「さぁ，どのような問題が出てくるかな？」と問うと，おそらくいろいろな段を言うでしょう。もしかすると，２年生の学習の範囲を超えて「11の段！」などと言ってくる子供がいてもおかしくありません。そこで，「昨日は６の段をしたね。その前は…」などと今までの学びから今日の問題を想定しやすくしてあげることができます。

前回は６の段をしたね。
今日は何の段が出てきそう？

７の段の問題かなー。
だってね…。

どのような問題が出てきても「褒める」

　どれだけ手立てを打っても突拍子のない問題を考える子供がいなくなるわけではありません。しかし，その子たちが本気で考えた問題をこちらが無碍にしてしまうのはよくないですよね。「面白い問題だね！」「単元の最後にやってみようか」などの声かけが子供の意欲を高めます。

CASE
03　条件不足の問題を提示したときに

NG　何か足りない部分はありますか？

OK　これくらい簡単に解けますよね？

どうしてNG?

　条件不足の問題を出すことは，子供の思考によい影響を与えます。ただしポピュラーな工夫であるからこそ，落とし穴もあります。「問題として成立していない」「問題にするためにはどのような条件が付加されたらよいのか」という部分に焦点を当てないと，子供がとてつもなく広い範囲の問題を考えることになってしまいます。

言い換えのポイント

 できるだけ既習の内容から問題をつくる

　そもそも条件不足の問題は，子供がもっている力である程度解ける問題の条件を不足させて考えることに価値があります。ですから，新しい知識，技能を身につける学びには向いていません。あまり難しい問題を提示して，子供が条件の不足にすら気づけなければこちらの意図は完全に破綻します。教材研究に熱心な教師こそ陥りやすいので注意が必要です。

　そしてもう1つ，既習であるのにやってしまいがちなことが，「詰め込み」です。例えば，4年生の面積の学習で，L字型の図形を問題にしたとしましょう。2問目で，凹型の面積を求めさせるときに，ここで条件不足の問題を入れてしまいがちです。なぜおすすめしないかというと，L字型の図形と凹型の図形，それぞれの面積の求め方が子供の頭の中で統合されていないのに条件不足を入れてしまう。結局子供は解けずに，教師が説明する…そんな授業嫌ですよね。問題の設定は教師も子供も無理をしないことが大切です。

子供の「やってやる！」を煽ってあげる

前項でも述べたように「既習の内容」であることが条件不足の問題提示の前提になってきます。だから，子供の中で既に，「これくらい解けるよ！」という気持ちになっている子供も多いでしょう。そこで，先に述べたように「これくらい解けるよね？」感を出して，子供の意欲を少々煽ってあげましょう。「できます！　できます！」「こんなの簡単だよ！」という流れから，「あれ？」「先生，この問題解けません！」って最高じゃないですか？

ときには，そういった子供の意欲を喚起する言葉かけをしてみましょう。

板書で説明することができるツールを

説明が空中戦にならないように板書上に，条件が不足している問題を提示しておきましょう。4年生「1億までの数」の学習で，数の大小を比較する問題を例にします。この問題では，既にどちらの数が大きいかを子供に聞いているとします。子供はわかっている条件から考えて，下の数が大きいのではないかと考えます。しかし，誰かが「でも9の下の位がわからないと決まらないんじゃない？」と言い出しました。すると子供たちは，「確かに。位に目を向けないと，数の大きさは比べられないな」「先生，一千万の位の数を教えてください」と言い出します。ここまでくればしめしめと思うわけです。自分たちが問題を解くためには，どのような条件がほしいのかを考えさせたいときに，このような手法はとても効果的です。

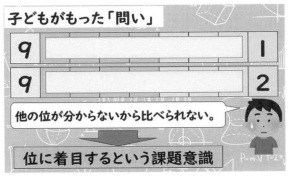

子どもがもった「問い」

| 9 | | 1 |

| 9 | | 2 |

他の位が分からないから比べられない。

位に着目するという課題意識

CASE
04 情報過多の問題を提示したときに

NG　どの情報が必要ありませんか？

OK　すべて必要な情報ですね！

どうしてNG?

　せっかく，情報過多の問題を出したのに，子供が思考する以前に教師が「どこかにいらない情報がある」と言ってしまうことはもったいないことだと思っています。「全部使える情報だよね〜」とあえて言ってみることで，子供の中には「いや，何か違う情報があるはずだ…」と躍起になって探し始めます。

言い換えのポイント

 適している問題につくり変える

　情報過多の問題設定には，情報過多に「適した問題」と「適さない問題」があります。教師はこれを見極めて，情報過多に適している問題につくり変えた上で，先の発問をする必要があります。例えば，５年生三角形の面積を求める学習の中で，次のような問題を提示しようと考えています。ＡとＢどちらも同じ三角形を用いて，記載されている数値も同じです。ただ，向きだけを変更しています。皆さんは，ＡとＢどちらの問題が情報過多に向いていると思いますか。おおよそ，Ｂを選んだのではないでしょうか。子供が，「あれ？」と思う仕掛けをつくって発問する。同じ問題でも違いがはっきりするのはおわか

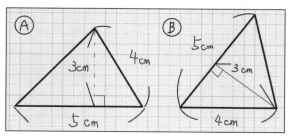

りいただけたと思います。

💬 やっぱり子供を「煽ってみる」

くどいようですが，ここでも子供の意欲を掻き立てるために「煽ってみる」ことが大切です。情報過多の問題は，情報不足の問題と比べて，導入段階で「いらない」と明確にしてあげることが学習の見通しをもたせる上で重要です。ただ，あまり多用すると，子供は「先生。また，何か仕掛けているでしょ？」となってしまうのでほどほどに。また，前向きな煽り文句を言ってあげましょう。言葉1つで，子供の意欲はいかようにもなるということを忘れずに授業を進めたいですね。

💬 問題の中に出てくる情報を整理する活動を

やりがちな情報過多の問題を提示したあとの動きとして，「すぐに子供に問う」ということが挙げられます。情報を整理するという力は，なかなか言葉で言ってすぐにつくものではありません。だからこそ，一度問題と向き合って，問題が問うていること，それに対して自分がどのように関わればよいかということ，それを達成するために何が必要で何が不要なのかということなどを考える時間を設けてあげてほしいなと思います。

そのときに，問題に書き込んでもいいよと伝えることで，子供が勝手に線を引いたり，関連づけたり，コメントを残したりするなど，問題に向き合う姿を見ることができます。

問　題　事　象
問題が問うている ことの把握
自分がもっている 知識との比較
必要・不要な条件 の選定
問　題　把　握

CASE
05　問題の場面を理解させたいときに

NG　今日は○○な問題ですね

OK　この前の問題とどこが違いますか？

どうして NG?

　問題を「解くことができるか」という以前に，問題を「解く筋道を立てられるか」ということを大切にしましょう。今までの問題との違いを子供に問うことで，子供自身が「○○とは違うな」「△△に似ているな」などと，今までの学びを使って思考しようとします。その思考を引き出すためにこの発問が大切になるのです。

言い換えのポイント

比べることの大切さを実感させるための問題の設定

　子供は，問題場面を素朴に捉えています。だから前時と比べようなんて更々考えていません。しかし，比べることで，その問題が自分の思考にどのような影響を与えるのかまで考えさせたいところです。これは，１年生の繰り下がりのあるひき算のゲームです。交互に手持ちの数カードを使って真ん中の数を引いていって，０になった方の負けというものです。この問題を提示したときに，前の問題と何が違うのかを問うと，２桁になっているだの，４回引けるだの言います。このくらいの比較から始めてもよいのだと思います。

違いを考えて共有する場の設定を

　問題を出したあとに，問題と自分の対話を生むことの大切さは前項で説明した通りですが，その後に自分の予想や考えを共有する場を設定してあげることも重要です。自分が思っていることと，友達が考えていることが違うなんて往々にしてあり得る話です。むしろ，その中から問いを見つけていくことが算数科の中では大切にされていることではないかと考えています。

　例えば，1年生の「いくつといくつ」という単元において，「この前の問題とどこが違いますか？」と問うことで，1年生の子供たちは，「前は5だったけれど今日は6になった！」と答えます。そこで，追加の発問です。「前回は4つのパターンに分けられたけれど，今回の6は何パターンありそうかな？」と問います。そうすると，子供たちは，「前と同じ4パターンじゃない？」「いや，増えるんじゃないかな」などと語り始めます。話し合っ

てごらんと言わなくても，どうしてそう思うのかを自分の経験や今までの学習からつぶやいたり友達と話したりする姿が表出します。そうすることで，子供たちは勝手に問いを形成し始めます。「先生，6を分けてみて，何パターンあるか見つけたいです」と。

　ここまでくると，問題設定と，それに合うように考えた発問の効果って絶大であると思いませんか。

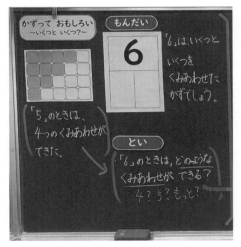

CASE 06 子供から「？」を引き出したいときに

NG 今日の問題は○○を使って解きましょう！

OK みんなはどこに困っているのですか？

どうしてNG?

　子供の「？」が思考を促します。しかし，その「？」を奪ってしまうのが，教師となると皮肉なものです。子供に「？」が生まれたときに，「○○を使って解いたらいいよ！」と教師が解決してあげるのではなく，「？」をシェアしたり，整理してあげたりすることが，思考を加速させるための手立てになります。

言い換えのポイント

 あえてほったらかしてみる

　子供はこちらがアクションを起こしたことに対しては，何かしらのアクションで返そうとしてきます。しかし，この「みんなはどこに困っているのですか？」という発問を問題提示早々にしてしまうことによって，子供たちの到達度に差が生まれます。というのも，問題場面の把握が完了し，どうやったらこの問題を解決できるのかという段階に達している子供と，問題場面の把握に時間をかけていて，まだ，問題の本質的な部分に達していない子供がいるからです。もしかすると，問題の理解が十分でない子供もいるかもしれません。そうなると，せっかく発問をしても，それに応えられる子供が限られてしまいます。全体で共有したい「？」なはずなのに，一部の子供たちだけで共有されていくのは本意ではありませんよね。だから，問題を提示したあと，こちらから何もアクションを起こさずに，子供たちの「？」がたくさん生まれてから，先の発問をすることで効果が生まれると考えます。

💬 複数の考えが出ると「？」が生まれやすい

　子供から「？」を表出させるときに，問題の質を見直してみましょう。いくつかパターンが考えられます。例えば，前時との比較がしやすい問題，考えが複数存在する問題などです。特に，ここでは，複数の考えが存在する問題が適任だと考えています。子供たちが考えている答えがそれぞれ違ったらきっと「？」が生まれますよね。

　以下に提示している2年生の2桁＋2桁のたし算の単元での問題で言えば，子供の「？」は「友達と考えが違う」「でもどちらも合っている」「式はいくつあるのかな？」と変容していきます。そうすれば，こちらが手を入れなくても，自分たちで問いを生み出して問題に向き合っていくことができます。

0〜9までの数を使って
答えが50になる2桁＋2桁の
たしざんを考えましょう。

$$36 + 14 = 50 \qquad 34 + 16 = 50$$
$$18 + 32 = 50 \cdots$$

同じ数は1回しか使えないよ！

式 がたくさんみつかる
↓
いくつ見つかるのかな？

CASE 07 問題から内容の見通しを考えさせたいときに

NG どうやったら解けそうですか？

OK 今までの学習の
何を使ったら解けそうですか？

どうして NG?

　子供は，「どうやったら解けそうですか？」と問うと，「かけ算！」とか「わり算！」とか単元全体のコンテンツを言うことがほとんどです。そのため，内容の見通しをもたせるための発問としては不適です。そこで，「今までの学習の」「何を使ったら」という見方・考え方に踏み込む発問をする必要があります。

言い換えのポイント

単元の掲示物を活用する

　「今までの学習の何を使ったら解けそうですか？」と言っても，子供のボキャブラリーはそんなに多くありません。仮にボキャブラリーがあったとしても，その中から適切に学習に使える見方・考え方を引き出してくることはそう簡単ではありません。

　そこで，右図のように，単元における掲示物を活用します。学習の流れに沿った掲示物を掲示しておくことで子供は，どの見方・考え方が使えるのか探そうとすることができます。

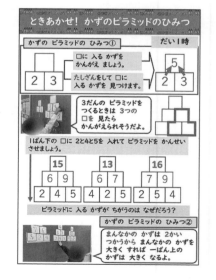

掲示物と本時の問題の設定を合わせる

　掲示物を掲示していても，本時の問題とマッチしていなければ，発問の効果はなくなってしまいます。そこで，掲示物と本時の問題の設定を合わせる必要があります。

　例えば，前項の掲示物では，数のピラミッドという学習で，たし算的な見方を子供たちに掴ませています。そうすると，子供たちの思考としては本時は2つのパターンに別れると考えられます。1つは単純に段の数を増やすという考え方。もう1つは，ひき算を用いて数のピラミッドを完成させるという考え方。今回は，後者のひき算を用いた数のピラミッドを完成させるという考え方を引き出すための問題設定をしていきます。

　前の時間で子供たちはたし算的な考え方で，数のピラミッドを完成させていることから空いている四角の場所によってたし算がひき算か変わるという見方までには発展していません。そこであえてこの時間の問題には3つの四角のうち，右下の四角に数が入っていないピラミッドを提示します。そうすることで，前の時間はたし算で考えていた問題を本時では，ひき算的に考えていくことが必要になります。「この前の時間は右と左の四角を足して上の四角に数を入れたらよかったな」という言葉が前の時間までの子供の学び。この言葉を引き出すために掲示物を活用します。さらに，「でも，今回は空いている四角の場所が違うな」という問いを子供たちから引き出す意図もあります。このように掲示と問題の設定を合わせることで，学習内容から今日の見通しを立てることができるようになります。前時の振り返りは，学級全員を同じ土俵に乗せるためにとても重要な役割を担っています。

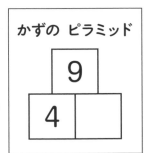

Chapter2　場面別　算数授業の「言い換え」事例60　033

CASE
08 問題から方法の見通しを考えさせたいときに

NG どんな方法で解けそうですか？

OK 何を使ったら解いたり説明したり
できそうですか？

どうして NG?

　「どんな方法で解けそうですか？」と聞いても，子供たちから返ってくる言葉は，「かけ算」「数直線」といった内容と方法がごちゃ混ぜになっていることもしばしば。内容と方法は分けておいて，あとから組み合わせた方が「どうして使うのか」を子供は理解しやすいと考えています。だからこそ，思考するためのツールを問いたいですね。

言い換えのポイント

〇 単元を通して使っているツールの使い方の確認

　そもそも，単元を通して使っているツールの使い方はそれで合っているのでしょうか？　みんなが使いこなすことができるレベルにまで高まっているのでしょうか？　それができていない状態でこの発問をしても，「使う＝わかる」にはなり得ません。どれだけいい道具を持っていても，適切な場面で使えないと意味がありません。

　例えば，6年生「分数のかけ算」の学習では，面積図を使います。1年生から算数を積み上げてきたのにここにきて初めての思考ツールです。教室の中に掲示していてもよいですし，宿題として1問出すだけでも使い方は格段にレベルアップすることでしょう。

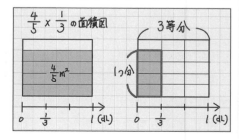

ツールとツールの関係を明らかにしておく

　学習によっては複数の思考ツ
ールを使うことがあります。そ
の関係性については問題ないで
しょうか？　先ほどの6年生に
おいて，面積図を用いて考えら
れるようになった子供たちは，
「数直線」との関係を説明する
ことができるでしょうか？　ツ
ールとして使うために，「何の
ために使うのか」「それを使う
ことで何がわかるのか」に加え
て，「ツール同士の関係」を理
解しておく必要があります。

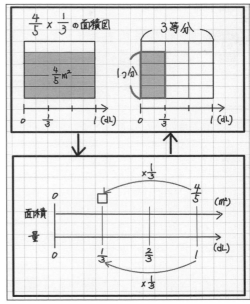

　面積図，数直線それぞれを
別々に使えても，両方使えることからすると選択の幅が狭くなります。両方
使える子供は，どちらが自分の考えをつくる上で適切なツールなのか判断す
ることができますが，どちらかしか知らない場合，その選択の余地がありま
せん。もちろん，どちらでもよいことはご承知の通りですが，問題によって
使い分けたり，「○○を使って説明しましょう」なんて問題が出たりするこ
ともあります。どんな場合でも対応ができるように，「数直線！」とか「面
積図！」というツール自体で答えるのではなく，そのツールがこの問題にマ
ッチしているのかを見通しの段階で把握できるように単元の中で意識させて
いく必要があります。

CASE 09　答えの見積もりをさせたいときに

NG　答えは何になりそうですか？

OK　答えの予想を
ノートに書いてみましょう

どうしてNG?

「答えは何になりそうですか？」と聞くと自分の考えを既にもっている子供たちだけが発言をして，まだ考えが固まっていない子供たちが発言する機会を奪われてしまいます。もちろん「そんな考え方もあるんだ」と思わせることも大切ですが，まずは自分1人で考えてみるということも大切にしたいと考えています。

言い換えのポイント

 ノートやプリントに必ず予想を書く欄をつくる

「量感」という言葉があります。特に算数科の学習では，現実場面に即した問題が多いことから，この量感を鍛えることはとても大切だと考えています。そこで基本的にはノートやプリントに必ず予想を書く欄をつくります。最初は突拍子もない数値を言うこともありますが，単元や学年を重ねるに連れて，だんだんと近い数値に近づいていきます。4年生のわり算の学習で結

果の見積もりをさせている教師も多いかもしれませんが，計算単元だけではなく，他の単元でも，そして低学年の頃から見積もりや予想を書くという学習プロセスを設定しておくと，子供たちの思考を促す手立てにもなります。

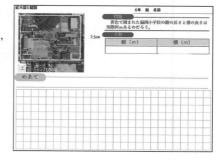

考えを隣同士で確認する場を設ける

「答えは何になりそう？」と問うて答えられるのは数人だろうと考えています。それはもちろん考えができていない子供や，自信がない子供たちも含まれているからです。せっかく子供たちに予想を書いてもらったのにこの発問をもう一度打ってしまうと，せっかくの予想が台無しになってしまいます。

そこでもう１クッション。考えを隣同士で確認する場を設けます。いきなり全体の場で予想を発表し合うのではなく隣同士で予想を確認する場を設けることで，まずは自分と隣の人の考え方を比較することができます。その中でどうしてそう考えたのか？　なぜその数値になったのか？　という会話が自然と生まれてくるでしょう。その中で前のページに出てきたような内容や方法の見通しについても話し合われることでしょう。その後に全体での予想を話し合う場を設けましょう。そうすることで自分の予想に自信をもった子供たちも増えるでしょうし，隣と話し合ったことで，自分の予想が変わった子供もいることでしょう。そんな子供たちが「〇〇くんと話して…」とか「やっぱりなんか違って…」とか，友達と話す意義を見出していたら最高ですよね。

あくまでも予想

「あくまでも予想」です。間違ってもよいということを強調しておきましょう。前のページでも述べたように学習を積み重ねるに従ってその量感は研ぎ澄まされていきます。計算ができる，できないではなく，大体このくらいではないかと考える力を養うことが大切です。筆算や数直線，表などを使わず，自分が思った数についてなんとなくの根拠で話し合う場ということも大切なのではないでしょうか。

CASE 10 学習のゴール像をもたせたいときに

NG 今日のめあてを書きましょう！

OK 今日考えたいことは何ですか？

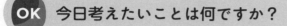

どうしてNG?

「めあて」＝「学習のゴール像」ですが，すべての子供たちがゴール像を明確にできる学習ってそんなに簡単にはできません。だからこそ，まずは目の前の課題にコミットしためあてを立てることが大切です。めあてという言葉がかなり漠然としているため，「考えたいこと」という言葉で子供たちと共有すると追究している感が出ます。

言い換えのポイント

💬 一度問題に立ち返る

「今日考えたいことは何ですか？」と急に聞かれても，子供たちは「？」が浮かんでしまいます。おそらくここまでに，問題の把握，内容の見通し，方法の見通し，結果の見積もりなど様々なプロセスを子供たちは経てきています。しかし，プロセスを経てきただけで，それぞれの要素は個々に散らばっており，子供たちの思考はまとまっていません。教師が一度問題に立ち返る言葉をかけてあげる必要があります。「今日の問題は〇〇だったよね。結局どうすればよさそうなの？」という追加の発問をしてあげることで問題の把握から結果の見積もりまでが1つにつながって「今日考えたいこと」にたどり着きます。1年生のひき算で例を挙げるなら，「この問題もひき算で解くことができると思う。この前と同じようにさくらんぼ計算をすれば解けそうだな。答えは5になりそうだ」という感じです。凝り固まった言葉ではなく，これくらい子供の言葉に落としてあげてもよいでしょう。

板書で問題と見通しを整理して可視化しておく

　子供たちの思考を整理していくのが板書の役割だと考えています。その板書の中で問題と見通しを可視化しておくことは，子供たちの思考を整理して行く上でとても大切だと考えています。

　右の図に示しているのは，3年生「三角形と角」の学習の資料です。問題，結果の予想，内容の見通し，方法の見通しが縦に整理してあることで，子供が今日を学習の中で考えたいことを明確にする

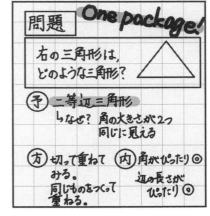

ことができます。この学習で言えば，「2つの角の大きさが等しい三角形は，二等辺三角形だと思う（予想）。角がぴったりと重なれば角の大きさが等しいと言えるね（内容）。そのために作図した三角形を切って重ねようかな（方法）」となります。

「ワードクラウド」で子供の考えを可視化

　Googleフォームなどのアンケートアプリで子供たちの今日考えたいことを集約して，「ワードクラウド」などで可視化してあげることも1つの方策でしょう。このプロセスを経ている子供たちの考えていることは概ね，同じ方向だと考えています。そうすると使う言葉も必然的に限られてきます。ワードクラウドで大きく表示されると自信がもてるようになりますよね。

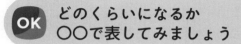

CASE
11　量感を掴ませたいときに（主に「C　測定」領域）

NG　どのくらいになりそうですか？

OK　どのくらいになるか
〇〇で表してみましょう

どうしてNG?

　量感については，前のページでも触れていますが，ここでは特に「C　測定」領域における指導言に絞っています。「どのくらい？」という言葉があいまいさを出しています。それを言語化するのって難しいですよね。何かを基準にした尺度で計らないと表現しにくいです。だから，あえて発問ではなくて指示で子供を動かしましょう。

言い換えのポイント

長さは「手で表せるくらいのもの」を問う

　3年生「ながさ」の学習を例に説明してみましょう。「3cmってどのくらいか手で表してみましょう」と教師が子供に質問すると，きっと親指と人差し指を使って「このくらいかなあ」と見合うでしょう。「1mってどのくらいか手で表してみましょう」と教師が子供に質問すると，きっと両手を伸ばして，「このくらいかな？」と見合うでしょう。しかし，「2mってどのくらいか手で表してみましょう」と教師が子供に質問しても，自分1人では表すことができません。子供が両手を広げても2mに達することはありません。もしかすると子供によっては友達と手を合わせて長さをつくったり，足りなさそうな部分を机や他の物でカバーしたりするような子供も出てくるでしょう。しかし，それでは尺度が変わってしまって単純に比較することができません。手で表せるくらいの長さにすることで，友達同士の必然的な比較の活動を生むことができます。

重さは「物で表せるくらいのもの」を問う

　３年生「重さ」の学習を例に説明してみましょう。重さの学習では，はかりを使って重さを調べていきます。重さは目に見えないものなので，量感を鍛えるためにはとても便利な単元です。同じ形の物でも物によって重さは違うし，そのものが大きいからといって重たいわけでもありません。長さのときと同じように，「身の回りの物から100ｇになるようにものを集めましょう」とか「身の回りの物から１kgになるようにものを集めましょう」などと指示をすることによって，今までに量ってきた物の重さから考えて物を集めることができるようになります。運動場にシーソーがある学校であれば，運動場に出て，安全管理をした上で，子供を乗せたシーソーが釣り合うように土嚢を乗せていくなどの発展的な学びにもできます。

面積は「１㎡を基準」に問う

　面積は測定ではなく，図形領域の中に入ってしまいましたが，「このくらいの広さだと思う」という量感を育てるには格好の単元です。その際，気をつけたいことが１つ。今までは手や物などのいわば人によって異なるもので量感を育ててきました。しかし，面積の単元では，１平方センチメートルや１平方メートルといった基準となる単位が出てきます。学習内容が４年生での単元ですので，このくらいと手で表すよりは，１平方センチメートルのいくつ分，１平方メートルのいくつ分といった問い方が量感を育てる上では大切です。

　例えば，教室の広さを問うたときに「このくらい」とざっくり表されるよりも，１平方メートルの広さの紙を提示して，「これのいくつ分くらいになるかな？」と問うた方が子供は広さの見当をつけやすくなります。

CASE 12　全員を同じ土台に乗せて始めたいときに

NG　では始めましょう

OK　今日追究することを
もう一度確認しましょう

どうしてNG?

　さあ，いよいよ個人で追究していくという場面において，すぐに手が止まってしまう子も少なくありません。そういった子供たちは思考の進め方がわからないことが多いです。個人思考の前に全体で追究することをもう一度確認することで，内容や方法を確かにして個人思考に入っていくことができます。

言い換えのポイント

 先に進めたい子供たちを止めない

　「始めましょう」と指示をしたとき，早く解きたくてウズウズしている子供たちも少なくはないはずです。そんな子供たちの手を止めてしまうことは，子供たちのやる気を削いでしまうことにほかなりません。

　そこであえて，先に考えたい子供たちを止めることはしません。自力解決の段階でつまずきそうだなと思う子供たちが聞けばよいのです。その判断は子供たちに委ねられています。絶対に聞きなさいということも言いませんし，聞かなくてもいいですよとも言いません。途中でわからなくなったら聞けばいいのです。教師はあくまでも進行役。こういった場面では無理に型にはめずに，問題を解きたい子供，もう一度確認したい子供のように二手に分かれてもよいのです。学級経営にも重なりますが，聞く聞かないを子供に委ねることで相手を大切にする意識や学級の雰囲気をつくっておけば，すべての子供が安心です。

💬 子供が問いを見いだすプロセスを教師が理解しておく

多くの場合，子供が問いと内容・方法を結びつけられていないことが自力解決の不安要素を増やしています。もちろん単純に知識・技能が身についてないという場合もありますが，問いと内容・方法を結びつけられていない方が学び方全体に関わってきます。今までに述べてきたように，子供が問いを見いだすプロセスを教師自身が理解しておく必要があります。

この場面での指示において大切なのは，「子供たちが前時までを振り返ることができていないのか」「問題の理解が進んでいないのか」「共通点や差異点に気づいていないのか」「内容や方法が理解できていないのか」のどの状態かを見極めることです。自力解決の前にもう一度確認したいと思っている子供たちと，今何を不安に思っているのかを共有することで今まで板書してきたどの部分を使えば考えをつくることができるのかが明確になるはずです。

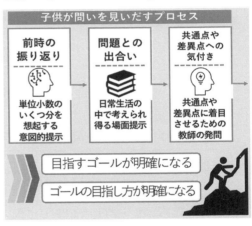

💬 板書をしっかりとノートやプリントに書いておく

ノートやプリントに板書を書き写すことは，ときにそれが目的ではないと批判されることもあります。しかし，何かわからなくてもそれを書き写しておくことで後々の理解につながることもあります。ノートをぼんやり眺めていて，はっと気づく子供も少なくありません。そういったチャンスを増やせるのであれば，「わからなくても書く」ことは大切です。

CASE 13　考える時間の想定をさせたいときに

NG　〇分でやってみましょう！

OK　何分あれば答えを出せそうですか？

どうしてNG?

　時間を指定することは大切なことです。しかし，教師の都合で時間を決めてしまってはいませんか？「〇分でやってみましょう」という言葉かけは，子供たちを焦らせたり逆に長すぎて意欲を削いでしまったりすることもあります。学習は子供とつくるということを意識する必要があります。

言い換えのポイント

 単元のはじめから時間を意識して問題を解かせる

　この類の指示をした場合，突拍子もないことを言い出す子供がいたり，子供によってかかる時間に開きがあったりすることが多くなります。だからこそ，単元のはじめから時間を意識して問題を解かせることが大切です。単元のはじめから時間を意識して問題を解かせることで，自分がどのような傾向の問題に，どのくらいの時間がかかっているのか知ることができます。そのような経験を積み重ねていけば，ある程度単元の終盤になったら，散らばっていた子供たちの時間差もまとまってくるようになります。

　この指示は問題を解くことに直接関係がなく，そして決してその時間内に解きなさいということではありませんが，45分という限られた学習時間の中でどのように学びをマネジメントしていくのかということを子供にも考えさせてあげる1つの方法になると考えています。

やみくもに時間を延ばさない

　よく見る学習の光景として，時間が経ったあと，「終わりましたか？」「いいえ，まだ終わっていません」「では，あと〇分時間を延ばしましょう」というやり取りが行われます。難しいところではありますが，自分で考える時間を与えただけで，答えを完全に出す時間を与えたわけではありません。子供たち全員が答えを出すまで待っていると45分では到底学習は終わりません。何分間か延ばせば全員が答えを出すことができそうであれば延ばす理由にもなりますが，ものの数分間で答えまでたどり着く子供たちはそう多くはないです。ここが算数の学習の大きな落とし穴でもあります。教師ってどうしても子供たちに答えにたどりついてほしいですよね。その気持ちが大きくなりすぎて，余計に時間をとってしまいがちです。

　ただ，ここで考えたいのが，どれだけ時間をかけても答えまでたどり着かない子供もいるということです。その子たちにとって延ばされたその数分間は果たしてどのような意味をもつのでしょうか？　わからないなりに一生懸命考えて，それでも手詰まりを起こしている中で延ばされた数分間は決してポジティブなものではありません。

タイマーをカウントアップにしておく

　これは，いろいろな場面で使える小技です。カウントダウンにすると，どうしても意識がタイマーにいってしまって，残りの時間との勝負になってしまいます。これを，カウントアップに変えるだけで，子供にかかる心理的な負担が少なくなっていきます。子供は，自分が大体どのくらいの時間で解けるか想定をしています。自分が立てた想定を基準に実際にかかった時間を考えるようにすればよいのです。その誤差から，自分の1問にかかる時間の感覚を捉えられるようになればよいと考えています。

CASE
14 終わっていない人を強調したくないときに

NG まだ終わっていない人はいますか?

OK 考えをまとめている人が多いから
もう少し時間をとります

どうして NG?

子供によって得意不得意があるのは当たり前です。だから,解くスピードが違うのも当たり前。ただ,全体で終わっていない人の確認をすることは子供のやる気を削ぐことにもつながります。どうせ時間を延ばすための指導言なのであれば,こちらからの指示に切り替えた方が,子供たちは納得します。

言い換えのポイント

机間指導で子供の進捗状況を判断する

時間を「延ばす」「延ばさない」の判断は,いかに子供たちが問題と向き合って,解決にたどり着けそうかの度合いによります。その際は,「机間指導」での子供の進捗状況の判断が必須です。そのために,座席表を常に持っておき,子供の記述や進捗度を書き込んでいきます。ICT 端末に座席表データを入れておき,スタイラスペンなどで書き入れながら机間指導をすることも考えられるでしょう。答えまでたどり着けている子供の数や,つまずいている場所,誤答の割合など総合的に鑑みて,時間を「延ばす」「延ばさない」の判断をしていきます。

もう少しでおおよその子供が答えにたどり着きそう,考えさせたい「壁」にぶつかりそうだという場合は延ばした方が子供の思考が深まるでしょう。反対に,思ったよりも子供の手の動きが鈍く,進まないなと感じれば,教師が引き取って,「どこで困っているの?」と聞くことが大切です。

Part1
Part2
Part3
Part4
Part5
Part6
Part7

ICT で進捗状況の確認

座席表に書き込まなくても，ICT 端末で問題を出していれば，手元で子供全員分の進捗度合いを把握することができます。その場合，子供が手を止めている部分がすぐにわかるため，ピンポイントで席まで行って補助をすることができます。

また，コメント機能や共有機能が備わっていますので，一度個人思考を止める場合は，大型ディスプレイなどで共有することで，子供の困り感を共有することができます。

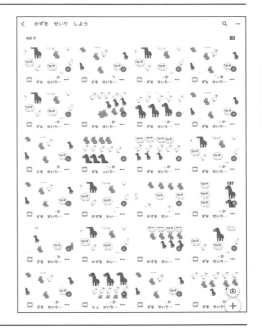

できていないことを強調しない

若い頃の私は「まだできていない人がいるから時間を延ばします」なんて言葉を使っていました。しかし，これは「終わっている人」からしたら無駄な時間ですし，「終わっていない人」からしたら焦り以外のなにものでもありません。すべての子供が安心して学習することができるように，教師が発するひと言ひと言にも気を配る必要があります。ちなみに，終わっている人たちには，後述する「本当にそれでいいの？」「もっとあると思うなぁ〜」とか，「それ，説明できる？」などの言葉をかけながら机間指導していきます。子供は，その言葉かけに対する根拠を見つけるために，時間いっぱい使って思考を進めていきます。

CASE 15 子供のやる気を削ぎたくないときに

NG 時間が来たので鉛筆を置きましょう

OK そこまででいいですよ

どうしてNG?

　機械的に子供の思考を区切ってしまうことは，教師としてできるだけしたくありません。学習の構造上どうしても時間で区切らなければならないタイミングがありますが，「時間が来たから」ということを強調することは，やる気を削ぐことにもつながります。子供の頑張りを認めつつ，次のフェーズへ進むための指導言を使いましょう。

言い換えのポイント

 机間指導の中で，子供の記述を価値づける

　「そこまででいいですよ」と言われたときの子供たちの頭の中は，「できなかった」というモヤモヤが残っているでしょうか？　それとも，「ここまではできたな」という部分的ではありますが達成感があるでしょうか？　私は後者を目指しています。しかし，それは単純に「そこまででいいですよ」という声かけをするだけでよいかと言われたらそうではありません。そこに至るまでには，「子供の記述の価値づけ」が必要です。机間指導をしながら子供たちのノートを見たり，ICT端末で子供たちの記述を見たりしているときに，その子たちの過程を価値づける言葉をかけましょう。「○○まで考えられたんだね！　もう少し終わりそうだね！」「△△で困っているんだね。困っていることがわかったのなら，何が使えそうか考えてみよう！」など，子供の進捗に合わせて価値づけます。そのとき，書くのが速い子から遅い子の順に行くことで，満遍なく価値づけることができます。

言ったあとにもうひと言フォローを入れる

どれだけ机間指導で「価値づけ」をしても，もっと考えたかった！　という想いをもつ子供も多いはずです。だからこそ，「そこまででいいですよ」と言ったあとに，「たくさんの考え方が出て来ていてびっくりしたよ！」とか「一つひとつ丁寧に考えている姿が見られて嬉しいな！」などともうひと言フォローをしておくと，子供たちも全体での交流に自然に移っていけるのではないかと考えます。

そのあとに何をするのか明確に伝える

個人思考が終わったものの，子供たちの次にすることが明確になっていなければ，せっかくの個人思考が無駄になってしまいます。このあと，子供たちが何をするのかを明確に伝えてあげる必要があります。

そのときに，気をつけてほしいことがあります。それは，「子供が選択したことを尊重すること」です。よくやりがちなスタイルとして，「では，隣同士で考えを説明してみましょう」「誰かこの問題の答えを発表してくれる人はいませんか？」などの授業の流れが考えられます。果たして，これは子供たちが選択したことなのでしょうか？　教師都合で，交流や答え合わせをしていないでしょうか？　ここでは，子供に一度問うてみることが重要であると考えます。問題にもよりますが「どうやら，考えがいろいろあるようですが，今からの時間どうしますか？」などと発問してあげましょう。そうすると，「隣の人の考えを聞いてみたい！　話していいですか？」とか「みんなでいろいろな考えを黒板に出し合いたいです」なんて言葉が自然と出てくるようになります。その中から合意形成しながら，次のフェーズに移っていくことで，子供の思考に寄り添った学習過程にすることができます。

CASE
16　聞いてもいいという雰囲気をつくりたいときに

NG　わからない人は手を挙げてください

OK　困ったら呼んでくださいね

どうしてNG?

　どうしても答えを求める学習であるからこそ「わからない」はついて回ります。ただし，ここでも「わからない」を強調することはできるだけ避けたいところです。「わからない」を「困った」に言い換えるだけで，教師も子供もハードルが下がります。何に困っているかは，その子にしかわかりませんからね。

言い換えのポイント

 何につまずきを起こすのか予想しておく

　聞かれてから行くのではなく，きっと子供はここにつまずくだろうなという部分を予め予想しておく必要があります。例えば，6年生「資料の整理の仕方」において，中央値を求める際，教科書ではよくデータの個数が奇数になっていますが，データの個数が偶数になると，中央値の求め方が異なります。そこにつまずくだろうなと予想しておくことで，どのようなヒントを出すのか準備することができます。

 どこまでのヒントを出すのか考えておく

　聞かれたことにすべて答えていては，子供の思考力が高まりません。子供が，「気づく」その一歩手前くらいをねらってヒントや声かけをしていく必要があります。

　4年生「面積」の導入において，教科書によっては，任意単位を意識する

ことができるような問題が設定されていることがあります。ここで，子供が「先生，どちらが広いかわかりません」と聞いてきたとしましょう。先生なら何と答えますか？　まさか，「同

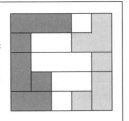

問題2

じん取りゲームで自分が取った場所と友だちの場所の広さを比べましょう。

じ大きさの四角に分けたらいいよ！」なんて言わないですよね。そこに気づくことは，この時間の大きな達成目標であり，それを教師自身が言ってしまったら元も子もありません。

　そこで，情報を小出しにしていくことが大切です。上の問題に関わるところならば，右のようなやり取りが考えられます。まずは，比べる方法を問うてみます。おそらく，ここでは気づきが生まれないと考えるので，もう1つ。「1年生の〜」と，関連する単元の内容を子供に問います。こうやって大きな部分から小さくしていくことで，焦点化していき子供の気づきを生むやり取りをすることができます。

C　先生，どちらが広いかわかりません。
T　どうやったら比べられそう？
C　うーん…。
T　1年生のとき，長さやかさはどうやって調べていたっけ？
C　鉛筆のいくつ分とか，コップのいくつ分とか…。あ！　そうか，いくつ分になるように同じ大きさに分けたらいいのか！

CASE 17 自分の考えを絶えず見直しさせたいときに

 NG 終わった人は見直しをしましょう

OK 本当にそれで合っているのですか？

どうして NG?

　「見直し」という行動は，一番子供にとって難しい行動です。元々，自分の考えが合っているという前提で思考してきているわけですから，それを「見直しをしましょう！」と言われて，「さて，合っているかな？」と考えられる子供はそう多くはないでしょう。あえて，子供をドキドキさせる問いかけをすることで，再思考を必然にします。

言い換えのポイント

 ### 闇雲に使えばよいものではない「伝家の宝刀」

　特に発問については気にした方がよい「乱発」。いつもいつも使っていると，「また先生言ってるよ〜」と子供も慣れてきてしまいます。特にこの場面でそう感じさせてしまうと，子供は自分の考えを見直すきっかけがなくなってしまいますので気をつけましょう。

　ただ，教師が芝居がかって「なるほど。そうきたか〜。それで本当にいいの？」とたまに言うことは，子供にとって「あれ？　どこか違うのかな？いや，もう一度見直してみよう」となるよいきっかけになります。「一部の子供ができていて，大多数がまだ終わっていない状態」のときに最も効果を発揮するので，おおよそ，早くできた子供向けに「伝家の宝刀」は抜いてあげることが望ましいでしょう。時間をかけてせっかく終わったのに，「それでいいの？」と言われたら，それはそれで心休まらないですからね。

考えに根拠を求める

　ある日の授業で，渡邉作のおみくじを使って「資料の整理の仕方」の授業を行いました。おみくじは，大吉，吉，中吉，小吉，末吉のくじを1種類につき12こ入れたものです。一度全員がおみくじを引いたあと，思ったくじを引けなかった子供たちが，「もう一度引かせてください！」とお願いしてきました。おみくじを2回引くことがよいことかはさておき，「1度目のデータからどう変化すると思う？」と問いました。すると，子供の中から「吉が多く出ると思う」という声が上がりました。それに対して私が返答しようとすると，別の子供が「どうして？　理由を説明してほしいなぁ」と言いました。しめしめと思いました。意外と聞き流してしまいがちになる友達の発言を拾って，どうしてそう思うのか？　と聞き返す力がついているということです。それは，勝手に身についたものではなく，机間指導のときに「本当にそれでいいの？」と問うて，そうなる根拠を探すプロセスを積み上げた結果だと考えています。

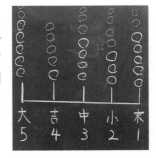

書き加えた部分はわかるようにしておく

　自分の考えを見直しても，それが合っているなら，特にすることはありません。それに付随する根拠を探せばいいくらいです。しかし，間違いに気づいて，修正をするときは要注意です。よく子どもたちがとるのは，「消して書き直す」という行動です。間違いをノートに残しておくのは嫌だと思う気持ちはわからないでもないですが，プロセスを大切にする算数科の学習において，「間違いを消す」という行動は，望ましくありません。残しておいて，赤や青のペンで加筆することで，自分がどのように考えて間違っていたのか，どうしてその間違いに気づいたのかなどのプロセスを残しておくことができます。

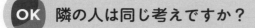

CASE 18 交流する必要性をもたせたいときに

NG 隣と話し合いましょう

OK 隣の人は同じ考えですか？

どうしてNG?

　前述した通り，個人思考を行った子供は，頭の中で自分の考えを整理している段階です。その中に「隣との話し合い」が必要かどうかは，教師都合ではなく，子供に委ねるべきであろうと考えます。しかし，つまずきが多い問題や，考えが多様に出る問題については，話し合わせたい。そこに誘導していくためには，別の発問をする必要があります。

言い換えのポイント

隣の考えを聞く必然性を生む

　「隣と話し合いましょう」という指示は，子供の求めに沿っていない，もしくは，子供から自然と湧き立つものではないということはおわかりだと思います。これを，「隣の人は同じ考えかな？」と一種，つぶやきのように発問してあげることで，子供のハードルはグッと下がるし，隣の考えを聞く必然性が生まれます。

　おそらく，ここまで学んできた子供たちは，「何でそうなったの？」と聞く子供もいれば，「答えが同じだね！」と安心感をもつ子供も出てくるでしょう。そういったやり取りが子供の思考を深めていきます。ここで注目したいのが，NGワードとして教師が指示として出した「話し合いましょう」には，「比較」の要素が含まれていないことです。「同じ考えかな？」と言うことは，自然と「比較」を生んでいることにもなるのです。少しの言い換えで，気づかないうちに子供を比較の世界に引き込んであげましょう。

💬 隣と話して，何を獲得したらよいのか？

　前述したように，子供たちが比較することでいろいろな反応を見ることができます。考えていることが同じだったことに安心感を覚える **「自信の強化」**，異なる考えが出てきたことで考えの幅が広がる **「考え方の付加」**，相手の考えを聞いたことで自分の考えの間違いに気づいて書き直す **「考えの修正」** の３つが代表的な例として挙げられます。どのような問題を提示しているのかによって，この３つがすべて発現するのか，はたまたどれかだけ発現するのか変わってきます。だからこそ，机間指導をしながら，子供たちがどのような反応を示すのか，話し合い以前に想定しておけるとよいですね。

　２年生「三角形と四角形」の学習で，「四角形を１本の直線で切るとどんな形ができる？」という問いにおいて，「隣は同じ考えかな？」と発問しました。すると，やはり様々な反応が返ってきます。同じ分け方と形だったことで，安心している反応。自分とは違う分け方と形だったことで，新たな発見をした反応。自分の考え方が間違っていて，間違いを修正しようとする反応など様々です。友達と話して何を獲得したのかという結果を子供自身がわかるように，話し合い活動を位置づける必要があります。

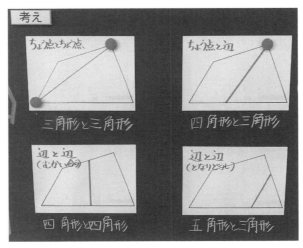

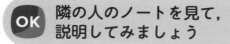

CASE
19 相手の考えを理解させたいときに

NG 隣の人の考えを聞いてみましょう

OK 隣の人のノートを見て，
説明してみましょう

どうして NG?

　話し合いなのに，友達の話を聞くだけってもったいないと思いませんか？
そもそも，音声言語は，子供の頭の中にどれほど残るのか謎です。そして，その説明も，相手の子供が言いやすいように言っているため，聞き手にとってはわかりにくい説明かもしれません。相手の考えを理解しなければならない状況をつくることもひとつの手段です。

言い換えのポイント

 いかに音声情報が弱いか理解する

　1年生「たし算」の学習において，繰り上がりのある計算の方法を子供同士で説明しています。ぜひ，音声で読み上げて，隣に座っている同僚の先生に伝えてみてください。初見で，すべて聞き取って理解するのは大人でも難しいはずです。それを子供たちにさせ

> C1　私は，6＋7をするときに，6を3と3に分けました。そのあと，3と7を足して10。残った，3を足して13になりました。
> C2　わかりました。僕は…

ることが本当に子供のためになるのかどうか，疑問符がつきます。本当にわかったのかどうかも怪しいのに加えて，言い終わって満足してしまい，それ以上の話し合いにならなくなってしまいます。前項でも述べたように，話し合いの目的が何なのかを子供自身が理解した上で話し合いをする必要があります。

🗨 「話型」に縛られすぎない

こんな説明もよく聞きます。2年生「ひき算」の学習で，十の位から計算する方法を説明している場面です。ここで使われているのが「話型」と呼ばれるものです。例示として，「まず・次に・そして・だから」という話型を使っています。組み合わせや説明の長短に合わせて様々な話型が存在します。「話型自体」を否定するつもりはありません。むしろ，説明の順序を話型で示してもらうことで，救われる子供も多いことでしょう。

> C1　まず，6から9は引けないので，十の位から，10を借りてきます。
>
> 　　次に，16から9を引いて7にします。
>
> 　　そして，十の位は5が4になっているので，4から2を引いて2。
>
> 　　だから，56−29は27です。
>
> C2　わかりました。

では，どうして「縛られすぎない」と銘打ったかというと，「これだけでは説明を完遂していない」ということに尽きます。上記の子供の説明では，「計算のプロセス」をメインとして説明していて，「自分の考えの根拠」をメインで説明してはいません。本来なら，「6から9は引けないから」「十の位から10を借りて」という言葉が大切にされるべきです。しかし，計算のプロセスを説明しているため，この時間で一番のねらいであろう「一の位で計算ができないため十の位から10を借りなければならない」ということがどうしても薄まってしまいます。話型に沿って「プロセスを説明」した子供に，「どうしてその計算をしたの？」と問うて，「だって，一の位が〜」と引き出すことの方が，子供の学びとしては焦点化されるのです。

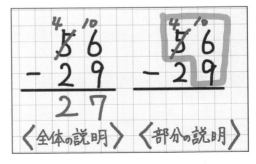

〈全体の説明〉　〈部分の説明〉

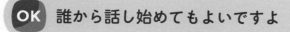

CASE
20　子供の話し合いを活性化させたいときに

NG　まずはできた人から話しましょう

OK　誰から話し始めてもよいですよ

どうしてNG?

　「できた人から話す」ということは，言い換えると「できていなければ話せない」ということです。また，その判断を子供たちに委ねるということは，少しでも自信がなければ話し出せないということにもつながります。授業への意欲を下げないためにも，子供たちの思考を止めないためにも，適切な指示が必要になります。

言い換えのポイント

 ## 「できていない」という自己評価をしたら言えない

　極端な言い方をすれば，自分も隣も「できていない」と判断してしまうと，「できた人から話しましょう」は成立しなくなります。そもそも，話し合いの目的の1つとして「できているかどうかの判断」があるため，「できている」と自信をもって言える子供はそう多くはないと考えています。仮にそういった「お互いできていないかも…」のような状況になったら，「どこまで考えられた？」とか「私は，○○だと思うんだけど…」と相手の考えを聞いたり，自分の考え（途中でも）を伝えたりすることができます。だからこそ，「できた人から話しましょう」は危険なNGワードであり，それに換わる子供の思考を止めないための指示としては，「誰から話し始めてもよいですよ」となるわけです。

そもそも正解がいくつかわからない問題を設定しておく

　右の図は，「ペントミノ」と
呼ばれる形です。よく４年生の
面積の学習が終わったあとなど
に使われることのあるパズルの
問題です。ペントミノは正方形
５つで構成されている図形です。
４年生の子供たちに，「正方形

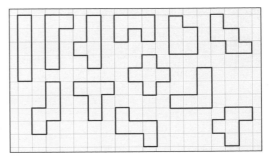

だけでつくられた５㎠の図形をつくりましょう」と問うと，どんなことが起
きるでしょうか？　「先生，いろいろあります」「何個あるのかな？」といっ
た子供の発言がたくさん聞こえてくるのではないでしょうか。ちなみに，ペ
ントミノは12種類ありますが，それは子供には伝えていないので，「いくつ
存在するのか？」という問いの答えは明らかになりません。「おそらく12個
かな…」くらいは想定されますが，絶対にそうだという証明は４年生の子供
たちにはできません。だから，冒頭のように「誰から話し始めてもよいです
よ」となるわけです。

　「何種類あるかわからない」からこそ，「僕は７個見つけたんだけど…」
「私は６個見つけたよ！　違う形がないか比べてみようよ！」となりますよ
ね。問題の質によって，この指示はより有効に働いていきます。

状況に応じて人数を増減させる

　ペアやグループでの話し合いは，効果的な人数配分にしないと機能しませ
ん。上で述べたような，複数の考えが表出する場合は，ペアよりも３〜４人
くらいのグループが望ましいです。それも，子供が勝手にグループを拡大し
ていくように仕向けるのもこちらの腕の見せどころです。

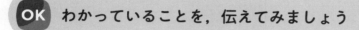

CASE
21 できていないことに焦点を当てたくないときに

NG できていない人は，できた人に聞きましょう

OK わかっていることを，伝えてみましょう

どうして NG?

できないことを伝えるよりも，わかったことを伝える方がハードル低いです
よね。子供なりのプライドみたいなものが邪魔をして，友達の考えを聞くこと
ができない子供もいるはずです。「わかっていること」を伝えることで，自分
がどこまでできているのかを自己理解するとともに，友達から適切な助言がも
らえるようにこちらから働きかけます。

言い換えのポイント

 いくつかできている前提の問題の設定

「フォーフォーブス」という計算ゲー
ムがあります。4年生で加減乗除と（）
を使った計算の順序の学習をしたあとに
位置づけることで，遊びながら計算スキ

$$4 \div 4 - 4 - 4 = 1$$
$$4 \div 4 + 4 \div 4 = 2$$
$$\cdots$$

ルを高めていくゲームです。試行錯誤しながら計算していけば，ある程度の
式を完成させることができるのではないでしょうか。全く手が出ないという
子供はあまりいないという想定でいます。

もちろん，すべてできなくてもよいと思います。自分ができた式を伝えた
らよいわけですし，わからなかったものについては，わかった子供に尋ねた
り，一緒に考えたりすればよいわけです。それは，教師がわざわざ言わなく
ても，子供同士のやり取りの中で生まれてくるものなので，無理にこちらか
ら押し付ける必要はありません。

学年や内容に応じてもう少し具体を問う

　自分で OK ワードにしておきながらなんですが,「わかったことを伝えましょう」という言葉も少々乱暴ではあります。「わかったこと」の抽象度が高く,話し合いをしても向いているベクトルが違う可能性があります。そうなってしまうと,話し合いの終着点が見えなくなってしまいます。

　６年生の「分数のかけ算」のように,式,数直線,面積図などの数学的表現が多く出てくる内容などは,この「わかったこと」をもう少し具体化してあげる必要があるでしょう。「式からわかったことを〜」「数直線でわかったことを〜」と細分化してあげることで,それぞれの意味を捉えやすくなります。この細分化を位置づけておけば,「どうしてそうなったの?」という根拠を問う発問をすることで,表現同士のつながりが明らかになったり,どこかで起きている齟齬に気づいたりすることができます。

　中原忠男先生の算数・数学における表現体系において,数直線も面積図も図的表現に入りますが,同じ問題に対してアプローチの異なる表現がある場合は,丁寧に段階を追って聞いてあげる必要があります。前時の振り返りは,学級全員を同じ土俵に乗せるためにとても重要な役割を担っています。

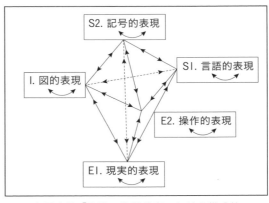

中原忠男『算数・数学教育における構成的アプローチの研究』(聖文新社, 1995)より

CASE
22

学び合いや教え合いを促すときに

NG　わからなかった人に教えてあげましょう

OK　わかった人に尋ねてみましょう

どうしてNG?

　「教えてあげる」「教えてもらう」という関係ってあまりよいものではないと考えています。受け身で教えてもらうという関係は，自分で考えを理解しようとする方向に思考が向かいません。わからなかった，終わらなかった子供が「自分から尋ねる」という状況をつくってあげることで，自分自身が理解しようという思考にもっていってあげます。

言い換えのポイント

 フリートークで自分が理解できる説明を求める

　ペアやグループでの話し合い活動は割とポピュラーですが，フリートークという手段もあります。これは，この指示に限ったことではありません。隣のペアの子供やグループの子供が自分の求める答えをもっているとは限りません。仮に答えまで出せていたとしても，その子供の説明で自分が納得できるかどうかなんてやってみなければわかりません。だから，こういった場合の話し合い活動において，無理に「ペアだけ」「グループだけ」というように固定した話し合いは位置づけるべきではありません。子供が，「他の人とも話してみていいですか？」と言わずに，勝手に他の子供と話し始めたらこっちのものです。「せっかくなので，いろいろな人と話をして，自分が納得できるようにしておいで」と。逆に，できている子供は，わかりやすく説明できるように言葉を選びながら説明する姿を見ることができます。

自分のノートも持って行く

　「自分のノートを持って行く」ことについては，何をいまさら…と思われるかもしれませんが，自分のノートを持って行く意味まで子供に伝えられていますか？　ノートを持って行く理由は大きく2つあると考えています。1つ目は，友達の考えを聞いて，自分の考えに付加，修正を加えること。2つ目は，自分の考えを聞いてもらうことです。

　1つ目の「付加，修正」はよく見る光景ですね。そのときに，鉛筆と消しゴムは持って行かせないようにします。持っていくものは，赤や青のペンです。書き加えたこと，修正したことがひと目でわかるようにします。少々間違えても，黒一色で書かれているノートよりも，考えの変遷がわかりやすくなります。

　2つ目は意識させないと，ただただ友達の考えを写してきただけになってしまいます。自分の考えも聞いてもらってどこが違っているのか一緒に考えたり，自分が説明する力を高めるために使ったりすることができます。5年生「多角形の面積」において，三角形の面積の求め方を話し合う場面で，「同じ形を2つ付けた（倍積変形）」「切って長方形にした（等積変形）」などの思考は，ノートがないと説明がつかないですよね。合わせて，自分が考えるときに使った操作的表現物などももって行くと，より効果的に話し合いを進めることができます。

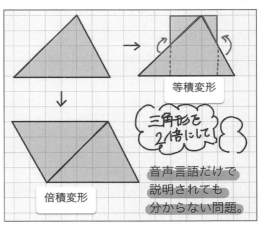

CASE 23 話し合いを子供に委ねたいときに

NG ペアで話し合ってみましょう

OK 話し合いの時間は必要ですか？

どうして NG?

　話し合いが必要かどうかは子供の進捗や学習の流れに大きく左右されます。教師の「ペア（グループ）で話し合ってみましょう」という指示が本当に必要なのか吟味する必要があります。もし，この類の指示をしたい場合は，一度「必要かどうか」を子供に尋ねる発問をしてみることをおすすめします。

言い換えのポイント

「話し合い」の場にいる一定数の子供を救う

　学習内容からして「話し合い」の場が必要な時間はどうしても位置づけたいという思いはあります。きっと，問題の設定がうまくいっていれば，子供たちは，必然的に「話し合っていいですか？」という流れになるはずです。

　ここで前項のフリートークに関係してきますが，フリートークの話し合いに，ただ何となく自分のノートを持ってウロウロしている子供はどの学級でも一定数いると思います。そうなる要因の１つとして，「何をすればいいのかわからない」ということが挙げられます。それはそうですよね。「できた人に尋ねておいで」と言われて，フリートークに入ったものの，どこに行って何をすればいいのかわからない子供がいても仕方ありません。そういった子供たちには，まず声をかけて話を聞けそうな子供を一緒に探してあげることで，スムーズに入っていくことができます。

「話し合いたいこと」を生み出す仕掛け

　さて先生方に問題です。好きな2桁の数を思い浮かべてください（22や55などの同じ数でないもの）。そして，その数の十の位と一の位を入れ替えて，ひき算できるようにしてください。答えは出ましたか？　同じように何回か式をつくって計算してみましょう。きっと面白いことがわかります。

　これは，3年生のたし算ひき算の学習などでよく使うネタです。いくつかくり返して計算していくうちに，「あれ？　答えが全部9の段になっている」「9の式はたくさん見つかるけれど，72は少ないな…」など，個人思考の中で気づいていきます。こういった問題を位置づけておけば，「ねぇねぇ，9になる式って幾つできた？」「54になる式がわからないんだけれど…」と話し合いたいことがてんこ盛りになってくるはずです。話し合いたいネタを個人思考の中で生み出すことができるように教師の教材研究が必要です。

　結果的に，この問題は「答え」＝「十の位と一の位の数の差」×9であることが証明されていきます。これを中学校の数学の世界で解き明かすと，下のようになります。算数ではできないことを数学で証明することも面白さの1つですね。

$$10a + b - (10b + a)$$
$$= 9a - 9b$$
$$= 9(a - b)$$

つまり，9にa-bをかけるから全て9の段

CASE
24　話し合いから見えるものを想定させたいときに

NG　ペア（グループ）で話し合ってみましょう

OK　話し合いの中で
何がわかるとよいですか？

どうして NG?

　「何のために話し合うのか？」を明確にしておかなければ，前述したような「考えの伝え合い」になってしまいます。答え合わせをするという簡単なものなのか，共通点を見つけるのか，違いを見つけるのか，はたまたその中から新たな問いを生み出すのかということについては，話し合いの前に子供たちと確認しておく必要があります。

言い換えのポイント

 何を明らかにする話し合いかを共有する

　子供が「明らかにしたいこと」をもたないまま話し合いをすることはそのあとの全体交流を混乱させてしまう要因になるので気をつけたいところです。子供は，何を話そうと思っているのかをこちらから整理してあげる必要があります。

　子供が話す内容は，大きく以下の３つに整理できます。「答えを伝える」「考えを比較する」「共通点や差異点を探す」ための話し合いであるという認識を子供がもっているかどうかは重要です。

答えを伝える交流活動	考え方を比較する交流活動	共通点や差異点を探す交流活動
・私は，答えが〇〇になりました。 ・〇+〇をしたら△になりました。 **→答えの確認の意味合いが強い交流活動**	・私は，〜をして〇〇になりました。 ・私は△△をしたのだけれど答えは〇〇になったよ。 **→答えが同じだが考え方が異なることを理解する交流活動**	・私は，〜をして〇〇になりました。 ・私は△△をしたのだけれど答えは〇〇になったよ。 ・どちらも，□□にしてから計算しているね。 **→考え方が異なり，その中から新たな発見をする交流活動**

話し合いのスタイルを子供と共有

何を求めているかによって話し合いのスタイルは異なります。概ね，ペア，グループ，全体の３つのパターンに区分されると考えていますが，それぞれ役割が異なっていることがわかります。そして，それぞれに長所と短所があり，それを子供の実態や求めに応じてフレキシブルに位置づけていく必要があります。

ペア交流
○表現することで自分の思考を整理できる。
○話すことで安心感が生まれ授業への参加意欲が増す。
●お互いが間違っていたり，折り合いがつかなかったりすることがある。

グループ交流
○多くの友達の考えに触れることができる。
○複数の目で，考えを精査することができる。
●時間によっては発言の機会が十分ではないことがある。

全体交流
○複数の発言で考えをつなぐことができる。
○黒板を使いながら考えを収束させることができる。
●理解が不十分である子供は聞いているだけになる。

例えば，ある程度子供自身ができると判断した問題については，わざわざペアやグループでの話し合いの設定をする必要はないですよね。全体でサクッと確認してしまえばよいわけです。大切なのはこういった話し合いのスタイルを子供と共有しておいて，自分が置かれている状況をもとに，どの話し合いを望んでいるのか判断させることにあると思います。上の表を子供バージョンにつくり替えて，教室の掲示物にしている学級も見たことがあります。やはりそういう学級は，話し合いで子供が何がわかればよいのか明確だなと感じます。

 ## 「わかったことコーナー」の存在

どのような目的で，どのようなスタイルの話し合いをしても，「話し合ったこと」「そこからわかったこと」は出てくるはずです。それを，ノートに書き留めないのはもったいない。ノートやプリントなどに「わかったことコーナー」をつくっておくと，話し合いの跡が残ってくれます。

CASE
25 話し合った意味を発表の中で感じてほしいときに

NG 話し合いでわかったことを発表してください

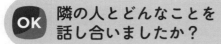

OK 隣の人とどんなことを
話し合いましたか？

どうしてNG?

　「わかったことを発表してください」という指示は，「わかったこと」前提で話が進みます。もしかすると，話し合いの中で，新たな疑問が生まれたかもしれないし，モヤモヤが生まれたかもしれません。あるいは，話し合ったけれど，特に成果が生まれなかった子供もいるかもしれません。そんな子供たちにかける言葉は違った方がいいと考えます。

言い換えのポイント

💬 いきなり「全体」ではなく，近場から全体に広げる

　アウトプットすることは子供にとってハードルが高いことです。それを，いきなり全体の場で発表しましょうと言われても，学年が上がるにしたがってその手は挙がらなくなっていきます。

　そもそも，発表したくないというわけではなく，単に自信がないからという理由であれば，自信が増すように子供を誘い込んでいきましょう。話し合ったことを，近くの他のペアと確認することで発表におけるハードルは下がってくれます。もちろん，そこから「近くの人と何を話しましたか？」と聞いてもよいですし，近くの人との話し合いに教師が顔を出して，「え，そんなことに気づいたんだ。面白いね」「なるほど。そういう考え方もあるのか〜。いいねぇ」なんて呟きながら歩き回りましょう。そういった小さな言葉かけは，子供のアウトプットを促す大きな材料になります。

「もしも〜なら」という思考を促してみる

　子供同士の話し合いの中で「もしも〜だったらさぁ」という言葉が聞こえてくることがあります。これは，「どのようなことを話し合ったのか」をより詳しく話すことができる材料づくりになります。

　２年生で「魔方陣」をつくる学習をしたときのことです。子供たちは協力して，１〜９の数字で，魔方陣を完成させました。子供たちの話し合いの中で，縦横斜め１列を合わせたら15になるという魔方陣のきまりを見つけました。そのあと，ではこの数でできるかな？　と次のような数を提示しました。

2，4，6，8，10，12，14，16，18

　「え〜，大きくなった。難しい！」と悲鳴が聞こえます。その中で，「これって全部２の段になっている！」と気づくグループが出てきました。そして，その中で，「２の段だったら，１の段の２倍になっているってことだよね！」と話が続きます。「そうしたら，さっきつくった魔方陣を全部２倍にしてみよう

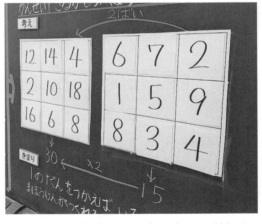

よ！」となっていきました。「それなら，３の段だったら真ん中は15だね！」と「もしも」を考えながら話し合いを進めていました。

　「もしも〜だったら」という言葉は，仮定的な思考とも言われますが，低学年期から，こういった小さな「もしも活動」を位置づけていくことが，算数科の内容を深めるためのポイントになっていきます。

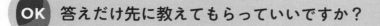

CASE
26 答えから途中過程を想像させたいときに

NG 答えは何になりますか？

OK 答えだけ先に教えてもらっていいですか？

どうしてNG?

「答えは何になりますか？」と教師が子供に聞くと，当てられた子供は式図，答えなどすべてのことについて話すでしょう。聞いている子供たちの中にはうんうん，そうだそうだという子供もいれば，何を言っているのかわからないという子供もいます。全体で練り上げていくときにもスモールステップが大切です。

言い換えのポイント

プロセスを問いたい問題設定のときに

この発問をするときに気をつけたいのは，「答え自体」に価値がある問題に対して行わないことです。むしろ，「答えにたどり着くための道筋（プロセス）」を問いたいときに発問をします。

3年生「棒グラフ」の学習で，8時〜11時の気温差が大きい方を選ぶときに，「結果」だけ聞いても納得しないですよね。これに関しては，やはり「どうして選んだのか」「どこを見てそう考えたのか」というプロセスを大切にするべきです。問題によってこういった聞き方を子供にしていく必要があります。

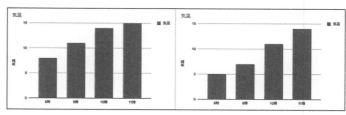

◯ 「バックキャスティング」の思考でゴール像を明確にする

話は大きくなりますが，予測困難な未来社会を生き抜くために「バックキャスティング思考」というものを使っていく必要があるとも言われています。このバックキャスティング思考は，「ゴール像を明確にして，そのためにどのようなことをすればよいのか，そのゴール像に近い方から段階的に手立てを講じたりその時点の姿を思い描くこと」です。この対義語が「フォアキャスティング思考」と言われ，「ゴール像に近づくために，現在から1つずつ必要なことを見つけていくこと」です。一般的に，算数科の学習は，このフォアキャスティング思考を前提に進めていく教科だろうと考えています。それは，「前時で解決したものが，本時ではうまくいかなくなる」という問いの連続発展性が教科の特質としてあるからです。

かと言って，全部がフォアキャスティングだとは思っていません。授業を見に行かせてもらった学校では，教科書を単元の最初に見て，どのような学習をするのか子供と共有していました。そこから，どのように単元を組んでいくのかを子供と話し合っている姿を見ると，これも1つのバックキャスティング思考だろうと考えます。

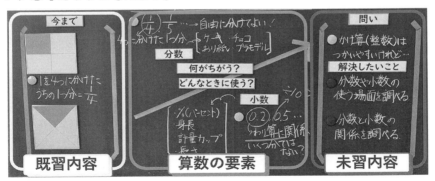

例えば3年生で小数と分数の学習を行う際に，「いったい小数や分数は何に使えるのか？」と解決したいゴールを設定するのもバックキャスティングになっています。

CASE 27

友達の考えを聞いて，考えさせたいときに

NG ○○くんに言ってもらいます

OK ○○くんに途中まで言ってもらいます

どうしてNG?

　子供は自分の中で説明したいことを頭の中でぐるぐるさせています。それは，整理されていることもあるし，まだ整理途中のものもあります。その子供は，発表することでスッキリするかもしれません。しかしこれを，1人の子供に説明させることは，他の子供にとってプラスでしょうか？　「わからない」を増やしてしまわぬように対策が必要です。

言い換えのポイント

「プロセス」を大切にした発表する子供の分け方

　面白くない算数の授業の代表例として，1人の子供がすべてのことを言ってしまうというケースがあります。もちろん，それを教師が拾って，全体の中で広げたり，問い返したりすることができればいいのですが，「いいでーす」とその説明でわかってしまった子供と，「？」とわからなかった子供の二極化が発生することで，ここからの脱却は混迷を極めます。だからこそ，まずは答えを全体で確認し，そのあと，どういう考え方をしたのか，何を使って考えたのかという「プロセス」を子供に問うていきます。そのときに大切にすることとして，1人だけで説明しないこと。式，具体物操作，図表現等の段階があるなら，それぞれ1人ずつ指名していきます。途中過程を聞いておかないと説明ができないし，友達の考えを理解して，自分の説明につなごうとする意識は，いずれ中学校数学での証明などにも役立ちます。

「説明を分ける」のではなく「説明するものを分ける」

１つの説明をいくつかに分ける際に気をつけたいことは，「説明を分ける」のではなく，「説明するものを分ける」ということです。算数科の学習では，文章で書いたものがあったり，操作したものがあったり，図で書いたものがあったり，式で書いたものがあったりと，たくさんの表現が出てきます。その中の１つをいくつかに分けて複数人で説明するというのはあまり現実的ではありません。

６年生「分数のかけ算」では，面積図，数直線，式という３つの表現がよく使われます。例えば，Ａ君が面積図を使って説明をしたとするならば，Ｂさんが数直線を使って説明して，Ｃ君が式を…という流れです。このように段階的に説明していくことで，表現が少しずつ抽象化されていきます。この段階的な抽象化はどの学年においても大切にしたいことです。また，この単元においては，５年生で割合を勉強して，数直線に慣れている子供であれば，数直線から説明した方がわかることもあります。その後に面積図での説明をするような流れも１つ考えられるでしょう。

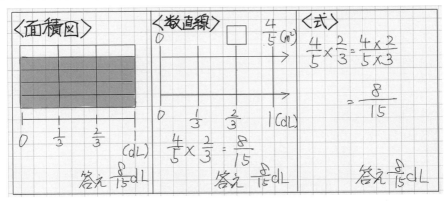

CASE 28　順序立てて説明できるようにしたいときに

NG　考えを発表してください

OK　まず何をしたのですか？
次はどうしましたか？

どうしてNG?

　自分の考えをもつことができた子供たちは，手を挙げて自分の考えを聞いてもらおうとします。ただし，教師は子供を指名して終わりではありません。その子がどのような順番で何を説明しようとしているのかを想定しながら，適切に「合いの手」を入れていかなければ，全体で考えを練り上げることができません。

言い換えのポイント

 その子供のノートを見ておく

　その子供がどのようなことを発表しようとしているのかは，ノートやプリントに書かれているはずです。個人思考の際の机間指導でどのような記述をしているのか，把握しておきましょう。そうすることによって，子供が発表しているときに止まりそうな場面があれば，「次に，〇〇について書いていたよね」とサポートすることができます。

　他にも，誰かの考えを聞いて自分の考えを変えているというパターンも考えられます。そんなときには，「ノートには△△って書いていたけれど，どうして変えたの？」と聞けば，「〇〇さんの考えを聞いて，やっぱり△△だなと思って…」と友達の考えを取り入れた発言を，全体の場で言わせることもできます。友達の考えを取り入れることの素晴らしさも共有できますし，何よりもその考えを取り入れてもらえた子供はさらに嬉しくなりますよね。

見えにくいものを見えるようにしてあげる

　子供が説明をする際に使う「操作的表現」。操作をするということは，操作した後の結果がわかっても，そのプロセスを残すことはできません。そのプロセスを残すことができるのは，より抽象度を上げた「図的表現」のよいところではあるのですが，「図的表現」は，「操作的表現」がもつよさである**動き**を見せることができません。この微妙なずれが説明の中にも出てきてしまい，子供たちの思考の抽象化を阻むことがあります。そこで，特に「操作的表現」において，結果だけでなく，そのプロセスが見えるように工夫をしてあげることが大切です。

　１年生「たし算」の学習において，「６＋２」をブロックを用いて説明する場面。この場面は「増加」の場面であったので図のように，右の白２つを動か

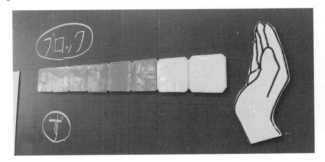

して８にするという操作を行いました。しかし，合わせた後の結果はわかりましたが，このままでは「６を２に寄せた」のか「２を６に寄せた」のかわからなくなります。そのときに，資料で示してるような「手」のパネルが有効です。これだと，結果だけでなく操作が映像として再生できるようになります。

　他にも，矢印を引いたり，◯で囲んだりするなどの工夫を操作的表現に加えることで，図的表現との段差をできるだけなくしてあげることが大切です。そうすることによって子供の説明の質は高まりますし，この操作表現を見た後に，図的表現で説明をする子供との接続がうまくいきます。

CASE
29
友達の考えから要点を考えさせたいときに

NG 〇〇くんの考えはわかりましたか？

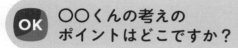

OK 〇〇くんの考えの
ポイントはどこですか？

どうしてNG?

　導入場面で，「この前は何をしましたか？」に「わり算！」と答えるように，「わかりましたか？」と問われると，「わかりました！」「わかりません！」という抽象的な返事しかありません。せっかく，友達の考えを聞けたわけですし，そのポイントとなる言葉の抽出は子供たちとやっておきたいところです。

言い換えのポイント

💬 「解き方」ではなく，「見方・考え方」を聞く

　子供に「考え方のポイント」を聞いたのに，「解き方のポイント」が返ってくることはそう珍しいことではありません。解き方のポイントが不要だとは思いませんが，算数科全体を考えたときに，評価の1つである総括的評価において見方・考え方が働いているかどうかを見とることはとても大切です。

　そこで，ポイントを問うたときに，「〇〇君は，この問題のどこを見てそう言っているのかな？」と見方を問う発問を加えたり，「今までの学習のどのような考え方と似ていたのかな？」と考え方を問う発問を加えたりすることで，「今までの学習の何かとつなげる」意識をもたせることができます。

　3年生「小数のたし算」であれば，「位に目をつけて」「整数のときと同じ考え方で」計算することによって，今までのたし算と同じように計算することができることに気づきます。これは，1つの「統合的思考」の具体例にもなります。

板書上で「きまり」「ポイント」などの言葉で整理する

　板書は子供の思考を整理するための１つのツールでもあります。子供たちの考えが出揃った時点で、この時間における「きまり」や「ポイント」などの言葉を使って、中間のまとめのようなスペースを設けることも大切です。学習の流れによっては、ここから２問目に発展していくようなスタイルもありますし、この中間のまとめがその後の子供の思考にプラスに働くように整理してあげましょう。資料に示しているのは、３年生「三角形と角」の学習で、三角形の角の大きさの関係について調べていく時間の板書です。板書中央下段に、「二等辺三角形の２つの角の大きさは等しいと言う中間のまとめを書くことで、「いや待てよ。じゃあ正三角形はどうなるんだ？」という発展的な思考にもつながっていきます。

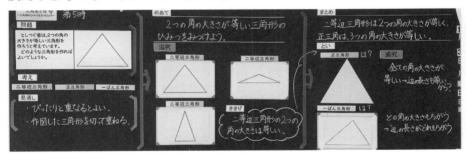

子供のノートにもポイントの蓄積を

　板書は、１時間が終わってしまうと消されてしまいます。子供がそのポイントをいつでも見返すことができるようにするためには、ノートやプリントに書くスペースを設けておくことも１つの手です。ICT端末で板書を撮り溜めて、共有ソフトなどで整理しておいてもよいでしょう。

すべての子供に参加意識をもたせたいときに

NG　どちらがよいか発表してください

OK
どちらがよいか
①と②の指で表しましょう

> ### どうしてNG?

　「全員参加型の授業」を目指す上で，やはり「わかったことを問う」のはハードルが高いです。直感でもいいので，「どちらかな？」と問うことで，子供の心理的ハードルが下がってくれます。もちろん，そのあとにどうしてそう考えたのか？　と根拠を聞く必要がありますが，まずはハードルを下げることに徹しましょう。

言い換えのポイント

 指で表すことのよさを感じさせる

　全員参加型の授業を目指す上で，子供がどう思っているかをアウトプットさせることはとても大切です。しかし，無理に指名してしまうと，子供が嫌な思いをすることだってあります。だからこその指での意思表示。「当てない」という前提に立って子供たちの意思表示を見れば，誰がどの考え方をもっているのかを教師も子供たちも把握することができます。

　もちろんこのまま，「では，その中で，説明までやってみたいな！　という人〜？」と全体での練り上げに移ってもいいですし，「今，挙げている指をちゃんと覚えててね！　自分と違う考えの人がいるよ！　なんでかな？　聞いてみたいね」とフリートークに落とし込むこともできます。

　指を使った意思表示は子供の全員参加をねらって位置づけることができるため，算数科だけでなく，様々な場面で使えます。ぜひ参考にしてもらいたいところです

複数回答が出てくる問題場面で有効に働く

　極論を言うと，この言葉は「解答としてはどちらでもよい」場合において，その根拠を問うためにするものです。子供の数感覚によるものなので，よく言われる「は（はやく）か（かんたんに）せ（せいかくに）」という視点では評価をしないようにします。

　その最たる例が，4年生の面積の学習です。複合図形を長方形2つに分けて計算しようが，空白の場所に長方形を補って大きな長方形にしたあと，補った部分を除いて計算しようが，「単位面積のいくつ分で計算できるように図形を変形する」ことがねらいであり，どちらでもよいことは先生方もよくご存知だと思います。これを，「こちらの計算方法がいいね」と決めつけるのではなく，「この計算方法には，○○ないいところがあるね」とか「この計算方法は，○○なときに使えるね」と価値づけてあげることで，選んだ子供たちの考えを昇華させてあげましょう。

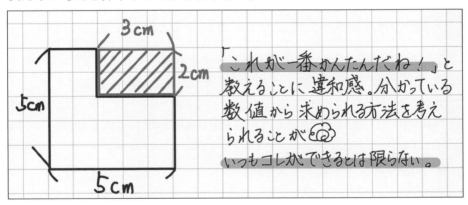

CASE
31　インプット→アウトプットを瞬時にさせたいときに

NG　〇〇くんの考えを隣に言ってみましょう

OK　〇〇くんの考えを隣に説明できますか？

どうしてNG？

　「考えを言ってみましょう」＝「今言った答えを言いましょう」と捉える子供も多いはずです。この場面できっと先生方がしたいことは，今インプットしたことを即時アウトプットして，自分のものにさせること。そうするならば，今誰かが説明したことをもう一度隣に「説明する」ということを強調してあげる必要があります。

言い換えのポイント

 「〇〇さんが言ったことってどういうこと？」と追加の発問

　ここでの教師は，「わからない人」を演じる必要があります。「よくわからない」「どういうこと？」のような雰囲気を醸し出します。すると，「先生，わかるようにもう一度説明できます！」と猛者たちがワラワラと出てきます。そこで当てないのがコツの1つ。「じゃぁ，先生が納得できるように，一度隣の人を納得させてごらんよ」というワンクッションを挟むことで，それが友達へのアウトプットとなります。

　全体からペアやグループに落としてもう一度全体に戻すテクニックは，子供たちの考えが収束しなかったり，難しくて混乱したりしたときに使うことができます。そして，何食わぬ顔で，「じゃあもう一度わかるように説明してよ！」と教師がお願いすればいいのです。そうすることで，子供たちの思考のベクトルが「先生を納得させたい」という方向に向いて，よい効果をもたらしてくれます。

何を使って説明したらよいのか板書を整えておく

　子供が，友達の考えを隣にアウトプットする際に何が必要だと思いますか？　大人のように，メモをとりながら聞いているわけでもないですし，頭の中に事細かにインプットしているわけでもありません。子供たちが，唯一頼りになるのは板書に書かれたこと。とりわけ，説明したいことの前後の文脈がわかるような板書です。若い頃，職場の先輩から「板書は途中から教室に入ってきた人が見てもわかるように」と，とにかく流れと子供の思考を意識してつくっていくようにしてきました。

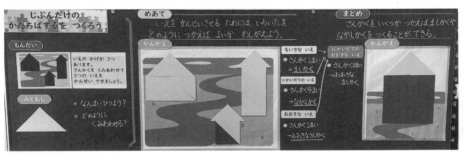

　上図の１年生「かたちづくり（本校単元：自分だけのかたちパズルを作ろう）」では，子供が「さんかく」を用いて屋根をつくることができる理由を前でパネルを動かしながら説明してくれました。子供の説明では，「へりとへりがピッタリ重なって，はみ出さないからきれいなさんかくになる」という説明でした。それを，私は「なるほど〜」とは返さずに，「ん？　どういうこと？　重なる？　どこが？」みたいにわからないフリ。そうすると子供は前述のように，「私が言います！」「僕がもう一度…」となりました。そこで，「じゃぁ，わかるように隣に…」という流れになるわけです。このプロセスを踏むことで，全体の話し合いで「？」が浮かんでいた子供も「あ！そういうことね！」と理解が進むことがあります。そういった子供がいることを鑑みて位置づけてみるのもよいですね。

CASE 32 話し合いの必然性をもたせたいときに

NG この続きを言える人はいますか？

OK この続きはペア（グループ）で
考えてみましょう

どうしてNG?

　続きを考えるグループバージョン。この場合，「理解できている人」の割合があまり大きくない場合に有効です。理解できていない人が多いのに，できている人がつながって説明されてもわからないですよね。だから，あえてペアやグループに落として，続きを考えてもらうようにします。もちろんこれも，誰かとやる必然性を生まなければなりません。

言い換えのポイント

 「試行錯誤」できる問題が向いている

　いち早く知りたい考えを途中まで説明されて，「さぁ，ここからペア（グループで）考えてみましょう」と言われて，「よっしゃ！　やってやるぞ！」と思える問題とはどのような問題でしょうか。普通だったら，「最後まで教えてくれよ～」となるでしょう。

　私が考える「やる気が出る問題」の１つは，「試行錯誤」ができる問題が向いていると考えます。パズルのように「あそこまではまったでしょう？だから，次こうだと思うんだよね」「いや，前の学習で三角は確か…」というように，何人かでわいわいやりながら考えられる問題です。その中で，子供が自由に使える操作的表現や，ホワイトボードなどの思考の共有ができるツールがあることが望ましいです。あとは，子供が勝手に続きを想像して，考えをつくり出すことができます。

💬 続きが考えられるように板書を整えておく

　下図の1年生「かたちづくり（本校単元：自分だけのかたちパズルを作ろう）」では、真ん中のシルエットで示しているように、UFO型のパネルのつくり方を子供たちと考えたあと、飛行機型と船型をつくるように子供たちに渡しました。すると、「飛行機型は、この前の大きな三角が使えそうだね」と前時やUFO型のつくり方を思い出しながら考えたり、「船には、大きなま四角が見えるよ。何枚か組み合わせて考えたらよさそうだね」のように、組み合わせを試行錯誤しながら考える子供がいたりしました。

　そういった子供の思考を生むためにも、板書で整理してあげておくことは疎かにしてはいけません。「あの形が…」「これをこうやって組み合わせて…」と子供たち同士で考えて、答えにたどり着こうとする姿を見るためには、目の前の情報を整えたり、あえて散らばせたりすることが大切です。

💬 ここでも「誰から話してもいいですよ」

　こういった話し合いは、「誰かがリーダーシップ取らなきゃ」となるのですが、そんなに焦らなくても問題の設定と子供の思考の流れがしっかり組まれていれば、あとは子供に任せてもよいものです。間違っても「わかった人」だけが話すことのない話し合いにしたいものです。

CASE
33　子供の考えを起点にして広げたいときに

NG　なんで〜になったのですか？

OK　○○くんはどうして
〜しようとしたのですか？

どうしてNG?

　子供の考えを，一度教師の言葉で引き取ってしまうと，そんなつもりはなくてもいきなり難しく感じる子供も出てきてしまいます。それは，教師が，都合のよい言葉で言い換えてしまうことに原因があります。あえて，子供の名前を出して，その子の考えですよと言ってあげるだけで聞いている子供たちは別物であると思わなくなります。

言い換えのポイント

 ### 「正解の場合」と「不正解の場合」で考えておく

　代表の子供の発言を取り上げて，それについて吟味していくパターンは大きく分けて2つに分類されます。1つ目は，それが正解の場合。2つ目は，どこかが間違っている場合。これらについて子供たちからポイントを引き出していきます。1つ目の「正解の場合」についてはそんなにケアしていくことはありませんが，再三述べてきたように，「解き方」を子供たちに話し合わせたいのではなく，「考え方」を問うているため，考え方＝ポイントと捉えて子供がそのよさを発見できるように助言をしていきましょう。一方，「不正解」を取り扱う場合は十分なケアが必要です。特に，正解・不正解がはっきりする算数科の学習において，発表を敬遠する子供が出てくる可能性もあります。指名した子供がうっかり違う考えを書いた場合を想定しているので，「ここは間違えやすいところだね」「ポイントと合わせてみるとはっきりわかるね」とその子の発表が生きるように声かけをしましょう。

教師 vs 子供の構図をつくる

　子供は，「○○じゃないの？」とか「〜は無理でしょ」と言われると，それを批判的に見る力をもっています。その力を十分に発揮させることができれば，さっきまで発表していた子供も含めて，教師 vs 子供の構図をつくることができます。子供たちは教師を納得させるための説明に全力を注ぐでしょう。そうすれば，自ずと問題の核心に迫るようなポイントにたどりつくと考えています。

　5年生で多角形の角度を見つけていくときに，「四角形は2つの三角形に分けて考えると180°＋180°＝360°」という考え方にたどり着きます。しかし，教師側から変則的な四角形を提示することで，子供は「あれ？　角度が違うね」「同じはずなのにね」と混乱し始めます。

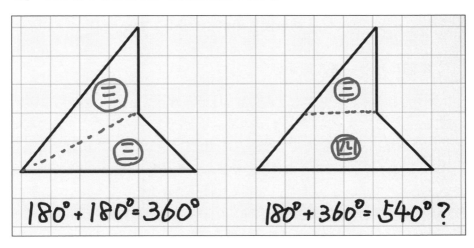

　「これは特殊な四角形なんだよきっと」と教師が言うと，「いや，四角形は全部同じ角度になるはずだ」と言って，教師 VS 子供の構図が出来上がります。結局，このずれについては，「頂点から頂点で分けないと，そもそも角度がないところに角度ができる」というポイントにたどり着きました。

CASE
34 日頃発表しない子供の考えを拾いたいときに

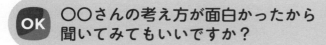

NG 違う考えの人はいますか？

OK ○○さんの考え方が面白かったから
聞いてみてもいいですか？

どうして NG?

考えを練り上げていく場面において，「発表できる人」のみの発言だけで深まるとは限りません。こういったときに発表はせずとも，考えをもっている子供の出番です。「○○さんの考え面白かったのよ」ともち上げてから，発表に気持ちが向かうようにしましょう。もちろん無理はさせてはいけません。

言い換えのポイント

事前にリサーチ＆声かけ

発表をしない子供たちのパターンはいくつか存在します。「わからないから聞いておこうパターン」や「わかっているけど，みんなが言うから言わなくていいかなパターン」などです。その中で，私が期待している子供が，「一応できたけれど，自信がないからやめとこうパターン」の子供です。こういった思考の子供は，「自信」さえあれば発表者に転じてくれます。もちろん，他のパターンの子供たちも同時にケアしていきますが，日頃の学級経営と重ねてこのパターンの子供を見つけていきます。見つけるタイミングとしては，机間指導の間。そして，ここが重要なのですが，あらかじめ「すごいね。なかなか思いつかないよ」「誰も思いついてないんだよね，これ」と，特別感を味わわせておきます。そして，いざ発表となったときに，先の「○○さんの考えが面白かったから…」につなぎます。2段階で構成しておくことで，子供は自信をもって発表に臨むことができます。

CASE33とのコンボをキメる！

「指導言」は基本的に単発で機能するようにしています。しかし，その指導言にプラスアルファをすることでより効果を高めることができる場合もあります。ここでは，前項で述べたCASE33（p.84）「〇〇くんはどうして〜しようとしたのですか？」と組み合わせると効果的です。「〇〇くんの考えが面白いんだけど…」と発表してもらい，「〇〇くんはどうして〜しようとしたのですか？」と問えば，子供の思考がグッと「その子の頭の中を探る」というベクトルになります。そうなれば，考え方に迫る練り上げ活動になっていきます。

四角形１本の直線で分けて等積をつくる問題で，台形に分ける子供がいました。このようなパターンはこちらとしてはラッキーな場面です。指名をして説明してもらったあと，「どうして〜のように考えたのかな？」と追加の発問をすることで，見事にコンボがキマった時間でした。

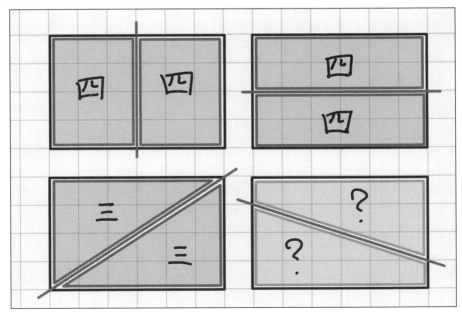

CASE
35 反復説明で内容理解ができるようにしたいときに

NG ○○さんの考えと似ている人はいますか？

OK 同じ考えの人がいたら
もう一度説明できますか？

どうして NG?

　似ている考えを説明するときに気をつけたいのが，「何をもって似ていると言っているのか？」ということ。似ていると言ったのに，全然違う説明をして，学級が大混乱！　なんてことは珍しくないと思います。「もう一度説明をする」というワードを入れることで，同じことという印象を与えてあげましょう。

言い換えのポイント

💬 再現するより「微妙に違う説明」がイイ！

　「もう一度説明できますか？」という発問は，全員発表を掲げている学級でよく見る光景です。もちろん，この「もう一度説明する」ということは，何人も同じ説明をすることによって，子供の自信をつけさせる上でも有効に働きます。学級経営においてもとても効果的な手立てであると言えます。

　では，算数科視点で考えるとどうでしょう？　答えは，同じく「効果的」です。一度言われたことを完璧に覚えましょうなんて無理ですもんね。同じ説明をたくさんの子供が繰り返しすることで，モヤっとしていた部分が解消される子供もいることでしょう。ただ，１つ気をつけたいのが，前の子供の再現にならなくてよいということです。同じ表現では理解できなかったけれど，少し言い方を変えたり，説明するときに使う道具が違ったりするだけで，子供の理解が進むことがあります。同じ考えの子供を発表させるときには，あまり制限をかけずに，自由に説明してもらうことも大切です。

図，式，言葉などの表現を一体的に使う

　算数・数学における表現体系は，５つの表現に分かれて，それぞれが相関しています。おそらく，子供たちは，この５つのどれか１つ，もしくは組み合わせて説明をしていくことでしょう。それを，教師はただ見ていればよいというわけではありません。子供が説明する度に，板書の中に少しずつ情報を付け足したり修正したり，関連づけたりしながら表していきます。そうすることで，何回か子供が説明を繰り返すうちに，板書上には子供が説明したことが体系的にまとめられていきます。「そんなこと言われてもどうやってまとめたらいいの？」と思われるかもしれません。そんなときは，図と式と言葉をつなぐ意識をもって板書をしてみましょう。

　例えば，ひし型の面積を求める公式をつくりだす時間において，図を使って説明した子供がいました。その子は，全体が大きな長方形で，その半分がない状態だから「４×８÷２」であると説明しました。またある子供は，板書された式とホワイトボードに書いた計算の手順を見せながら説明をしました。その際，教師は，共通する部分を色分けしたり，それぞれの表現を

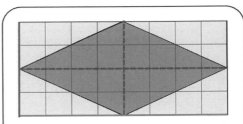

縦に配置して見やすく整理したりすることを行いました。そうすることで，子供の説明が増えていくごとに，板書上で考えの整理や，ポイントの明確化がされ，「ひし形の面積の求積」で大切にすべきことを子供たちは理解していくのです。

CASE 36 説明の中にキーワードを入れさせたいときに

NG もっとわかりやすく説明できませんか？

OK ○○という言葉を使って説明できますか？

どうしてNG?

　「わかりやすい」という言葉の曖昧さは先生方ならおわかりかと思います。それは子供によって様々ですし、「もっと」と入れることで、それまでの説明を否定することにもなりかねません。算数科の学習内容は系統性が明確であることから、その時間に達成すべき目標がはっきりしています。それを、「キーワード」として説明することが重要です。

言い換えのポイント

 キーワードを子供の中から引き出しておく

　子供に説明させたいことの中に入っている「キーワード」。これは、教師から指示をして説明するようにしてよいですが、キーワード自体は子供から出してもらう必要があります。たまに、教師が大切なことをすべて言ってしまって、子供が考えることがなくなってしまう授業を見ます。子供からキーワードを引き出していくために、これまで話してきた「問題設定」や「話し合い活動」が存在します。せっかくここまで学習を子供主体で進めてきたのに、最後に教師が総取りになってしまわないようにしましょう。

　もしも、この時点で説明に使いたいキーワードが出ていないのであれば、無理に説明場面に移らず、ペアやグループに戻して「共通点」や「差異点」などのキーワードにつながる言葉を見つけられるようにしてあげましょう。そのときに、どの部分に着目してみたらよいかくらいは、アドバイスしてあげてもよいかもしれません。

操作的表現を使ってキーワードを使った説明をアシスト

「キーワード」がわかっていたとしても，上手に説明することができるかということは別問題です。せっかくキーワードを使って説明しても，その子供の説明が120パーセント伝わっていないと意味がありません。そこで，操作的表現を使ってキーワードを使った説明をアシストしてあげましょう。子供たちの思考は，今のところ最も抽象化されたゾーンにいると思います。問題から言うなれば，「式と答え（記号的表現）」「理由（言語的表現）」くらいの話です。それを，「具体物（操作的表現）」を用いて具体に戻してあげようということです。子供の思考は，具体と抽象を行ったり来たりする「往還」というプロセスを通して深まります。キーワードを使って説明する場面は，その具体に戻してあげる最適なタイミングです。

5年生で偶数や奇数といった数の分類について学ぶ際，おそらく先生方は，板書上に，右の資料のように数を分類して整理すると思います。この数はチョークで書きますか？　ここを，一手間かけて小さなホワイトボードや画用紙にマグネットを貼ったものなど，移動が可能なものにしておくだけで，子供はキーワードを使って説明しやすく

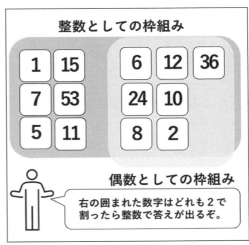

なります。例えば，「右の数は，すべて2でわり切ることができます」という「2でわり切れる」という言葉がキーワードだった場合，「他にも…」と言って例を追加したり，「もしもこちらに，5があったら…」と仮定的な説明をしたりすることができます。ICT機器を用いた学習であれば，子供の表現を大型ディスプレイなどに映してあげることも効果的でしょう。

CASE
37　子供に「もっとあります！」を言わせたいときに

NG　他にありますか？

OK　もうこれしかないですね

どうしてNG?

　多様な考えを表出させたいときの言い方として，「ちょっと煽ってみる」という方法があります。導入場面でもいくつか煽っていますしね。「他にありますか？」と聞かれれば，「あるっちゃある」くらいの感覚で子供はいます。しかし，そこに，何としてでも言ってやろう！　という意気込みはありません。やはりここでも煽りがいるようです。

言い換えのポイント

 「他にありますか？」に潜む教育心理的な弱点

　「他にありますか？」と聞かれれば，複数の考えをもっている子供や板書の中に出てきてない考えをもっている子供は，手を挙げて発表することでしょう。しかしながら，この「他にありますか？」という発問は教育心理的な弱点があるとも言われています。「他にある」ということは，つまり「この答えは合っていないから，他に正しい答えがある」という風に捉えられることがあります。もちろんそういった意図はなく，多様な考えを子供から引き出そうとしている教師の発問ですが，子供によっては，せっかく発表したのに，「私の考えは違ったのか」と意欲をなくしてしまう子供もいるようです。

　もしこの発問するときは，「正解の考え方は他にもありますか？」と言えばよいでしょう。しかし，それよりも子供を煽ってあげる発問の方が子供たちを焚きつけるためにも有効な手立になります。

整列することで見やすくする

　板書が整っていないと子供の思考が整理されないということは，今まで述べてきたことでおわかりいただけていると思います。ただ，どのように整理をするかということについては，どんな問題を位置づけたかによっても変わってきます。大量の考え方が表出するような問題設定を行った場合，その順序や関係性がわかるように考えを入れ替えて配置してあげる必要があります。下の図のように同じ答えになる式を並べて提示してあげることでこの場に出ていない自分が考えた式があれば，すぐに見つけることができます。これも先に述べたように式を移動させることができるように工夫しておけば，子供が発表した順に関わらずその情報を整理していくことができます。このように整理をし続けていると，だんだん場所が埋まってきます。そして「もうないですよね？」と発問をすることで，「いや，まだあるはずだ」「順に整理してやるから，数を数えて…」と，ここに出てきていない式を躍起になって探す姿が見られます。ここまで考えが出てくる問題設定でなくとも，板書に順に整理したり，簡単な順に並べたり，子供が言った順番通りでなく，教師が意図して板書に配置していくことが，子供の「まだあると思う」という思いを加速させます。

　もう1つのパターンとしては，もうないのにあえて「まだありますよね？」と発問するものもあります。この発問には，子供たちの「もうない」理由が乗っかってくるとこちらの思惑通りになります。

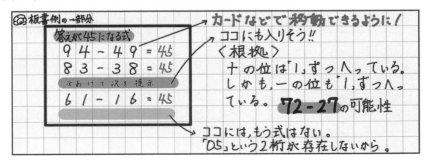

子供に「いいえ，違います！」を言わせたいときに

NG ○○すれば解けますね

OK それってたまたまではないですか？

どうしてNG?

　ある程度子供の考えが固まってくると，どうしても教師が教師の言葉で算数を語ってしまうことがあります。「○○すれば解けますね」と勝手にまとめられることで，子供の思考は止まってしまいます。そこにあえて「それってたまたまではないですか？」というスパイスを加えてあげることで，子供の反応が変わって楽しくなります。

言い換えのポイント

 何が「たまたま」なのかを明確にして発問する

　「それってたまたまではないですか？」と発問をするときに気をつけたいことがあります。それは何が「たまたま」なのかを明確にして発問することです。たまたま図がそうなったのか，たまたま式がそうなったのか，たまたま答えがそうなったのか，それぞれによって子供が話すべきことは変わってきます。以下の図に挙げた例のように，「『求め方』が同じになったのはたまたまではないか？」等，具体的に聞いてあげるとよいでしょう。

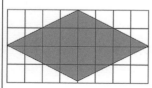

「対角線×対角線÷2」で求められるのはたまたまじゃない？

もしも対角線は垂直に交わるけれど辺の長さが異なる図形だったら？

「たまたま」以外のワードで，より深く

　子供の思考を揺さぶる発問として「たまたま」以外にもいくつか言葉があります。もちろん「たまたま」だけを使って子供の思考を深めることも可能です。しかし，その中に，「例えば対角線が…」とか「もしも辺の長さが…」などの言葉が子供の説明の中に入ってくると，揺さぶられていた子供の思考がだんだんと１つの方向に向かって進み始めます。何をどのように組み合わせるとよいのかはどのような問題設定を行ったかによって変わりますが，こういった問い返しの発問は教師のレパートリーとしてもっておくとよいでしょう。

	子供の思考を深める言葉	言葉の効果
1	「だったら」	相反する２つの意味をつなげる
2	「例えば」	抽象的なものをより具体化する
3	「たまたまじゃない？」	実験範囲の拡張につながる
4	「絶対に」	表現したいことが高まる
5	「もしも…だったら」	対象の一般性を吟味する
6	「でもさぁ」	素直な疑問の出発点となる
7	「やっぱり」	数学的な考え方に確信をもてる
8	「他には？」	複数の考え方の表出につながる

最終的には「たまたま」ではないことを確認

　この思考を揺さぶる発問の終着点は，「たまたまではない」ことを証明することです。子供たちがいろいろな例を出して説明をする中で，それに似た事象であれば，同じように考え方を使うことができるということに気づいていきます。子供自身が証明することによって，理解としての定着はより強いものになります。

CASE
39　子供に違いを見つけさせたいときに

NG　何が違うのですか？

OK　どこか違うところはありますか？

どうしてNG?

　考えの違う部分を見つけるという思考は，子供にとって難易度が高い思考です。「何が違うか？」という大きな部分から問うよりも，「どこが違うのか？」という部分から聞いていく方が子供の思考としては順序立てて考えやすくなります。

言い換えのポイント

 「それぞれの考えの特徴」を問う

　教師の思惑としては，「違うところを見つけさせて，子供に達成感を味わわせたい」という思いがあります。子供の「僕たちが見つけたんだ感」に浸っている姿を見るのは教師としてこの上ない喜びでもあります。しかし，この発問は丁寧に段階を踏んであげないと深みにハマってしまいます。NG理由で申し上げた通り，考えの違う部分を見つけるという思考は，子供にとっては難易度が高い思考です。子供の頭の中の最優先事項は，今目の前に並んでいる2つの考え方の両方を咀嚼して飲み込むことです。だからまずは，「2つの考え方の特徴は何ですか？」という問い方をしましょう。「違い」という比較をいきなり位置づけるのではなく，それぞれの考えの特徴を出させたあとに，「どこか違うところはありますか？」と問えばよいのです。すでに，出ている考えを「比較」という視点で捉え直すだけなので，出来レース感は否めませんが，これで子供の思考は1本通るはずです。

💬 二項対立の場面をつくり出す

　「２つの考え方」を理解することは限られた時間の中での思考のため，かなり制限がかかります。それならいっそのこと，どちらかに特化して考えさせることも手立てとしてもっておきましょう。どちらかの考え方を子供が選び，その考え方の特徴を説明することによって，１人で２つ考えたときよりも，十分な時間をかけることができます。３年生「表とグラフ」の学習において，「横並びの棒グラフ」と「縦置きの棒グラフ」のどちらがよいのかを考えさせるときに，この方法を用いました。ある子供は「横並びの棒グラフ」の特徴を考え，ある子供は「縦置きの棒グラフ」の特徴を考えることで，お互いの考え方を十分にもつことができました。

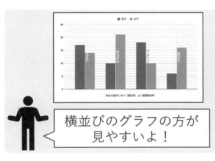
横並びのグラフの方が
見やすいよ！

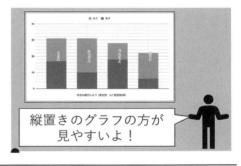
縦置きのグラフの方が
見やすいよ！

💬 板書で示しにくいものはICTを活用

　子供が発見した「違い」を共有する際に，板書にどのようにまとめようかなとお悩みの先生もいらっしゃるかと思います。ここでの「違い」の共有は，板書に向いている内容と，向いていない内容があるため，「Ｂ　図形」や「Ｄ　データの活用」などの学習における「違い」の共有は，予めICT機器でつくっておいたものに加筆していくようにするとよいでしょう。無理に板書にまとめようとするとわかりにくくなってしまいます。

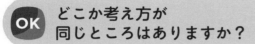

CASE 40 子供に共通点を見つけさせたいときに

NG 何が同じなのですか？

OK どこか考え方が 同じところはありますか？

どうして NG?

　考えの同じ部分を見つけるという思考は，子供にとって難易度が高い思考です。「何が同じなのか？」という大きな部分から問うよりも，「どこが同じなのか？」という部分から聞いていく方が子供の思考としては順序立てて考えやすくなります。

言い換えのポイント

考え方の共通点を見つけさせるためのポイント

　前項で「考え方の違い」に気づかせる発問について述べましたが，違いを見つける方が実は簡単です。だって，そもそも，同じ答えなのに違う解き方をしている時点で，違うことはわかっているので，そのプロセスを見れば何となくでもわかってしまいますよね。

　逆に，この共通点の発見が難しい。違う考え方といって紹介しておきながら，「どこが同じかな？」と問われるわけですから，子供からしたらたまったもんじゃありません。ここで重要なのが，「違いと共通点はセット」という考え方。そして，「違い→共通点という思考」です。裏を返せば，違いではない部分が共通点なわけです。そして，それは違いを見つけないと顕在化してこないこともあります。だから，できるだけ，違いを明確にしてから，共通点を問うようにしてあげましょう。

○ 「問いを生み出す場面」でも使っていこう

　子供の思考を揺さぶる場面は，学習の導入の部分でも考えられます。特に，子供たちの頭の中に「？」を生み出すための方法としてあえて，「共通点」を聞くこともよいでしょう。

　2年生の子供たちにたし算を使った問題を出しました。読者の皆さまもやってみてください。好きな2桁の数の十の位と一の位を足して（もし2桁になったらもう1回計算する），それに「9」を足します。そして，その数をまた分解して足します。最初につくった1桁の数に戻ってきましたか？　こ

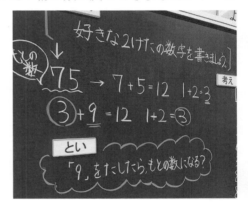

の結果を見て子供は，「考えた数がみんな違うはずなのにどうして？」となります。そこで，「どこか考え方が同じところはありますか？」と問うと，「9を足していることは同じだ」と言います。そこから，「どんな数でもなるのかな？」「3桁にしたらどうなるだろう」と「？」を自分の問いに生まれ変わらせることができるのです。

○ 無理にコンテンツに寄せない

　これは，コンテンツの系統性がはっきりしている算数科ならではですが，「そこに内容はあるのか？」ということをあまり強く意識しすぎなくてもよいということは常々思っています。例で紹介した計算も既習の計算技能であり，特にこれといって内容はないのですが，「なんで？」「面白い！」と子供の見方・考え方が旺盛になる学習を，時数を見ながら入れていくことは大切だと思う今日のこの頃です。

CASE 41　学習単元ではなく内容で語らせたいときに

NG　この考え方，どこで使いましたか？

OK　この考え方は，今までのどの単元に似ていますか？

どうして NG?

　「この考え方，どこで使いましたか？」という発問に対して，子供は「わからない」と答えるのが大多数のはずです（学力の高い子供が，「○○に似ています」くらいの発言はするかもしれませんが）。算数科という系統性がはっきりした教科であるからこそ聞けることを効果的にするためには「具体」を問うていく必要があります。

言い換えのポイント

💬「ただ似ている」だけでは NG

　6年生で「比」の学習をしたときに，この発問をぶつけると，「割合の学習に似ています」という返答。間違っていない，むしろ正解です。悪いのはこちら。聞き方がまずかった。「どの単元に似ているのか」を考えることで，子供の頭の中で，その領域や考え方に筋を通そうとします。

　子供の頭の中では，その筋が通った理由があって，「似ている」という判断をしています。そうだとすれば，「どうして似ていると思ったの？」と追加の発問をしてあげることは必然です。これを問うことによって，「だって比は全体の量と2つの比があって…」「割合のときも2つの量を…」というように，内容から共通点を見出そうとします。そこに，さらに新しい観点が入ってくることで，「比」としての新しい学びを実感することができます。

教科書比較で系統性の鬼に！

　算数科という教科が内容の系統性がはっきりしているということは再三述べてきていますが，それは教科書の中にも如実に表れています。当該学年の単元を指導する際，少なくとも前後の学年の学習内容を把握しておく必要があります。そして，子供に「似た単元」を聞く際に，引き出しとして情報をもっておく必要があります。そうすれば，「似ている」部分だけでなく，「違う」部分や「新しい」部分についても聞くことができます。

　例えば，図形領域の指導をするとなったときに，１年生から６年生における平面図形の指導内容を確認します。そして，その学年前後の指導内容から，子供に気づかせたいことを取り出して，そこがゴールになる授業をつくります。そのときに，子供が違いや共通点を見つけたり発表したりすることができるように，表や図で示してあげることも大切です。ここで例示した図形領域は，特に「図形の構成要素に着目」するという見方があります。今までの単元で着目してきた図形の構成要素や，この単元で新たに出てきた図形の構成要素が刑事物やICT機器で共有したファイルに示されていれば，いつでも比較できる環境をつくってあげられます。

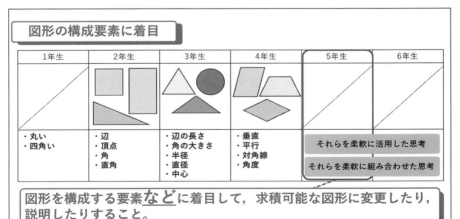

	1年生	2年生	3年生	4年生	5年生	6年生
・丸い ・四角い	・辺 ・頂点 ・角 ・直角	・辺の長さ ・角の大きさ ・半径 ・直径 ・中心	・垂直 ・平行 ・対角線 ・角度	それらを柔軟に活用した思考 それらを柔軟に組み合わせた思考		

図形の構成要素に着目

図形を構成する要素**など**に着目して，求積可能な図形に変更したり，説明したりすること。

CASE
42 　数理の一般化をはからせたいときに

NG　この問題だったらどうですか？

OK　もし，数値を○○に変えたらできますか？

どうしてNG?

　子供って1つできたら「わかった」気になります。しかし，同じような問題設定でもつまずいてしまうこともあります。その原因は，教師が提示する2問目にあると思っています。1問目との関係を明らかにしないまま提示したものは，子供にとっては「新しい問題」です。それがたとえ，1問目の数値を変えただけのものであったとしてもです。

言い換えのポイント

 「できる・できない」を問う

　これは，別項で述べた「①と②どちらだと思いますか？」という発問とも関連しています。「さぁ，2問目をやってみましょう！」と言われるよりも，まずは，その条件で「できる」「できない」を判断してからやってみることが子供にとってのスモールステップになります。「数値を○○に変えたら同じようにできるか？」を問うているので，先にそれについての子供たちの見解を聞くことからスタートしましょう。そのときに，「できると思うけれど，○○が変わると思う」などといった，1問目との違いを発言している子供がいれば板書などに残しておきましょう。それが，後ほど明らかになったときに，価値づけをしたり，新たな発見につなげたりすることができます。

「問題」というより「問い」

「この問題を解きましょう！」と言われると，子供はどうしても「させられている感」が出てしまいます。しかし，子供から出てきた問いがメインであれば，それはたちまち子供がやりたいことに変わります。

１年生「いくつといくつ」で６の合成分解について学習した子供たちは，教師と確認した「６の**ときは**」という言葉に疑問をもちました。「先生，７のときや８のときはどうなるのですか？」と次の問いを生

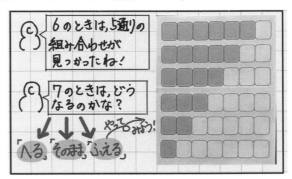

み出した子供がいて，その会話の中で別の子供が「組み合わせは１つずつ増えると思う。だって…」と５→６→？という数の移り変わりによって出てきた答えから類推する発言をしていました。こういった発言が出るのは，子供の知的好奇心をくすぐるように思考過程を考えていたからでもあります。普通に「７の組み合わせは６つですね」と機械的に確認していくよりも子供の「なんでなんで？」が持続するのです。

どのように数値を変えるか予測しておく

低学年期において，この類の発問をするときは，ある程度子供の思考が想定内になるように調整してあげます。しかし，高学年になって，子供が数値を変更するとなると，単純に既有知識が多い分，その幅が広くなります。子供たちがどのレベルまで考えるか想定して発問する必要があります。

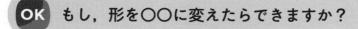

CASE
43　数理の一般化をはからせたいときに（図形）

NG　この問題だったらどうですか？

OK　もし，形を〇〇に変えたらできますか？

どうしてNG?

　図形に関しても子供って1つできたら「わかった」気になります。しかし，同じような問題設定でもつまずいてしまうこともあります。その原因は，教師が提示する2問目にあると思っています。1問目との関係を明らかにしないまま提示したものは，子供にとっては「新しい問題」です。それがたとえ，1問目の図形を変えただけのものであったとしてもです。

言い換えのポイント

同じ形の仲間だけれど…を比べる

　例えば，三角形と言われたら様々な種類が思い浮かびますよね。ただ，二等辺三角形と言われたらかなり絞られるのではないでしょうか。違う三角形で調べるとなったときに，広がりすぎると収拾がつかなくなる可能性もあります。できれば，さらに種類を分けて考えることが大切です。例えば，1問目で鈍角二等辺三角形を調べたのなら，次の問題で鋭角二等辺三角形，直角二等辺三角形を調べるということです。思考は広げるのだけど，範囲は絞るということを念頭に置けるとよいですね。

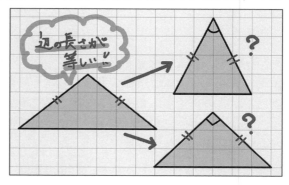

◯ 単元の内容配列を比較しよう

　図形領域に限ったことではありませんが，教科書会社によってその内容配列が異なることもしばしばです。それは，その教科書会社がその単元でどのような資質・能力を育てたいのかという考えの表れでもあります。２問目の形を提示してこの形でもできるか聞く前に，その分析は行っておきたいところです。

　例えば，５年生の面積の学習では，右のように配列をしている教科書会社があります。導入場面で長方形に戻して三角形を考えさせたい教科書会社と，導入場面で長方形に戻し

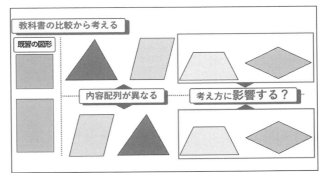

て平行四辺形を考えさせたい教科書会社と２通りです。どちらがよいとは言い切れませんが，その後の子供の思考は大きく変化します。台形やひし形を三角形をもとにするのか，四角形をもとにするのかという思考の広がりを考えて単元が構成されていることを捉えた上で，先の発問をする必要があるとは思いませんか？

◯ 板書で説明することができるツールを

　学年が上がって図形の見方・考え方が育ってくると，図形の構成要素を使って説明することができる子供が増えてきます。算数科のボキャブラリーを増やすことができるということはとても素敵なことなので，どんどん発表させて，価値づけてあげましょう。もちろん低学年期でも十分にその説明はできると思います。別項で述べた図形の系統性を共有してあげましょう。

CASE
44
前時とのつながりを大切にしたいときに

NG 前の時間と同じですね

OK 前の時間と似ている（違う）ところは
ありますか？

どうしてNG?

　「同じ」「違う」という判断は子供に任せたいところ。どうせなら，その根拠まで考えさせて，見方・考え方まで昇華させたいと考えます。仮に練習問題だとしても，同じかどうかはその子供によります。だから，問題が出るたびに，「これは一緒かな？　違うかな？」と問うてあげることが必要です。

言い換えのポイント

前の時間を振り返ることができるような環境か

　右は，教師1年目のときにつくった学習の流れ図です。学習のめあて，見方・考え方，ポイントなどが書き込まれた模造紙です。子供たちはこれを見ながら本時の学習を比較して，新たな見方・考え方を働かせていたのだろうなと振り返っていました。もう12年も前なので，今はICT機器もあり，手書きでなくともさっとつくることができるようになっています。小さくても単元全部でなくてもよいので，このような掲示物は大切にしたいと思います。

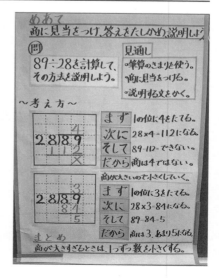

「似ているようで似ていないもの」を提示する

　ぱっと見は似ているんだけれど，よくよく見てみると違うものって世の中にたくさんありますよね。自分の知識を使ってそれが判断できるかどうかを試したくなるような問題の設定にすることで，子供たちは「前の学習が使えるのか？　使えないのか？」を判断しようとします。

　５年生に，ひし型の図形の面積の求積公式「対角線×対角線÷２」というものを，下の図のような変則的な四角形でも適用できるのかどうかを問うと考えはやはりできる・できないの二手に分かれました。それを解決するのは，やはり「前時の知識を使って解く」ということです。そして，前時の知識を用いた求積ができると思い始めた子供たちに，「どうしてひし形ではないのに，ひし形の面積の求め方が使えるのか？」と問いました。すると，子供たちはグループで話し合った後，「対角線が垂直に交わっている四角形はひし形の面積の公式が使える」という考えに至りました。正方形がひし形の仲間であり，対角線の中点から頂点までの距離が等しいものであるというきまりを見つけていたので，正方形も同じようにひし形の求積公式を使って解くことができることに気づきました。似ているけれど違うものを追究したからこそ，発見できたことです。

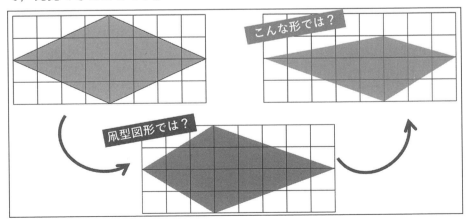

CASE 45 説明に見方・考え方を入れ込みたいときに

NG どうして〇〇になるのですか？

OK 〇〇になるのは
どのような考えを使ったのですか？

どうしてNG?

　理由を尋ねるときに気をつけたいのが，「どうして」という言葉の曖昧さです。根拠や理由を聞いているのですが，この言葉だけでは，上辺をなぞるような返答しか返ってきません。「どのような考え方を使ったのか？」とピンポイントに聞いてあげることで，この時間に積み上げてきた見方・考え方から説明してくれます。

言い換えのポイント

💬 活動の中で出てきた言葉を使わせる

　1年生「ひろさくらべ」の学習で，任意単位を正方形として，その数の比較で広さを比べる内容があります。この時間には「じゃんけんして勝ったら色を塗ってね」とだけ伝えておきます。その後，「どっちが勝った？」と聞くと，「私が勝った！」「僕が負けた！」だの言っています。そこに，「勝ち負けを決めるときにどのような考え方を使ったの？」と問います。子供たちは，長さやかさの学習で，「いくつ分で数える」考え方を知っているので，「四角のいくつ分でくらべました」と言ってくれました。ゲーム性のある活動はこういった気づきを加速させてくれます。

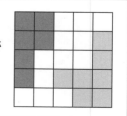

問題1

　じん取りゲームで広さを比べましょう。
■=赤
■=青

💬 ３つの対話を意識した学習指導過程

　全体の説明の場面で，見方・考え方を意識した説明をさせるためには，学習指導過程をまるっと意識して組んでおく必要があります。特にその中で気をつけていることが「３つの対話」です。１つは「問題との対話」。問題に対して，どうやって解こうかな？　今までと何が違うかな？　と考えることを言います。２つは「自己との対話」。一連の問題解決過程を通して自分がどのような見方・考え方を働かせられるようになったのかメタな部分を認識する段階です。３つは「友達との対話」。自分と同じ考え，異なる考えを咀嚼していくことを言います。よく，これを学習指導過程の各段階に位置づけて研究授業をしている先生もいらっしゃいますが，私は，これは学習指導過程の中でグルグル回っているというイメージです。友達と話すのは決められたときでなくてよいですし，問題を見返すのもいつでもよい。自分の頭の中の引き出しをバンバン開けるのも45分どこでもやっています。この３つの対話を子供が45分回していくという立場に立って先の発問を考えるだけでも，子供の思考に寄り添うことができます。

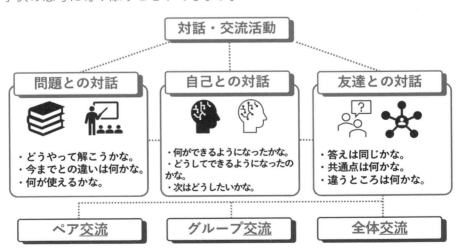

CASE 46 子供に判断を迫りたいときに

NG どれが一番よい考えですか？

OK この問題の中で
一番〇〇な考えはどれですか？

> どうして NG?

　一番を決めるときは，「一番〇〇な」と聞いてあげる必要があります。「よい」はやはり曖昧です。よく算数では，「はやい」「かんたん」「せいかく」の「は・か・せ」が有名どころですが，これだけでは不十分です。そこに根拠を求められるようにするために，「一番〇〇な」を子供が考える必要があります。

言い換えのポイント

 「〇〇なときは〜」を引き出す

　学習指導要領には「簡潔・明瞭・的確」という言葉を用いて，この「どれがいい？」問題を解説しています。そう言われても，「問題によるし…」と思う教師もいると思います。それでよいのです。もっと言えば，子供がその言葉を発することがベストです。「〇〇のときは〜の考え方がよい」という思考は，考え方の選択ができており，ケースバイケースで問題を捉えることができることにつながります。

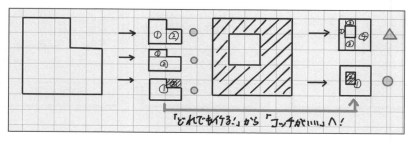

💬 そもそも１つしか選択肢がない場合をつくる

　６年生「角柱の体積」の学習で，三角柱の体積の求め方を考えたときのこと。考え方として３つのパターンが出てきました。以下の板書を見てもらうとわかりますが，どう考えても正解は１つ。どうして１つだけ答えが違うのか納得できなくて，子供たちは，「そもそも，底面積ってなんだ？」というところにたどり着きました。５年生の教科書を持っていなかった子供たちに「角柱の底面は，同じ形が平行にある面だよ」と伝えてあげました。すると，「待って。じゃあ２つが間違いで，１つだけが正解じゃん！」と自分たちの間違いに気づきました。異なる考えが消去される過程で，「一番よい方法」は思いつくものです。きっと，この子たちは「底面」を一生覚えていることでしょう。

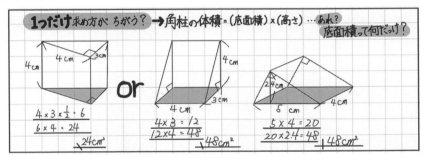

💬 子供の選択の価値づけを

　「一番○○な考え方はどれかな？」と発問したのだから，そのよさは，こちらから価値づけてあげる必要があります。もし，別のパターンでよさがある考え方の場合，子供が思いつかなければ，提示してあげるとよいでしょう。

CASE 47 説明する方法を複数出させたいときに

NG ○○を使って説明できますか？

OK もう他に説明する方法はないですか？

どうしてNG?

　説明を求めるときに，こちらからその方法を明かすことは，子供の見方・考え方を働かせる上で有効だとは言えません。説明の方法がいくつか存在するという前提のもと，「まだありますけど？」くらいのスタンスで教師がいることが大切です。子供は力を合わせて，他の方法も見つけようとするはずです。

言い換えのポイント

 子供がイメージしやすい問題設定

　考え方が2つに分けられることってありますよね。ただ，どちらかの考えが出てきてしまうと，それに納得感が出てしまって深まらないことがあります。例えば，5年生「単位量あたりの大きさ」の学習で，1人あたりの広さを求める場面があったとします。子供は，「1人あたり0.5㎡と0.4㎡なので，Aが広いです」と言うでしょう。しかし，逆も考えられます。1㎡あたりの人数を調べると，「1㎡あたり2人と2.5人なので，Aが広いです」と言えます。意味を考えることは難しいですが，数値によってどちらかを選択しないと割り切れないこともあるので，こういった場面への適用ができるようにしましょう。

	人数（人）	面積（㎡）
A	12	6
B	10	4

○「思考力」を問う評価問題として単元の後半に位置づける

　算数科の学習の主な単元の進め方として，単元の前半では中核となる見方・考え方を獲得しながら働かせて，単元の終末に向かって見方・考え方を高めていくようなスタイルがオーソドックスです。そのような単元の構成を考えたときに，子供が複数の視点から説明をするような学習は，単元前半にはあまり向いていません。単元全体を設計するときに，終末段階で「パフォーマンス課題」としての問題を設定することを考えましょう。評価は，「診断的評価」「形成的評価」「総括的評価」があり，単元が始まる前から単元が終わるまで，要所要所で子供の姿をキャッチしておく必要があります。その中で，テストではかる「総括的評価」だけでなく，学習の中に位置づく「形成的評価」も大切にしたいところです。そのための，問題設定といっても過言ではないかと思います。

　では，どのような問題を位置づけるのかと言えば，ここで述べているように，「複数の観点から語ることができる」という問題が例の１つとして挙げられると考えます。単元を通して見方・考え方を高めてきたからこそ，単元名にとらわれることなく，様々な観点で問題を見て，活発な話し合いが行われると考えます。以下に示すうち「７：吟味」に当てはまるでしょう。他にも，問題設定の工夫としてパフォーマンス課題になりうるものを挙げています。これらを使って子供たちを評価できるようにしたいですね。

■問題設定の工夫

１：条件の変更	２：数範囲の変更	３：図形の変更
４：情報過多・情報不足	５：逆志向	６：誤答
７：吟味	８：判断	

CASE 48　数理を生活に汎化させたいときに

NG　どんなときに使えそうですか？

OK　日常だとどこに使われていますか？

どうして NG?

　「どんなときに使えそう？」と聞かれても，問題場面でしか出会っていない子供たちは，問題の世界の中だけで考えてしまいます。日常生活の中に算数はたくさん潜んでいます。それを教師が数学化しすぎていることで，子供は気づけていないのです。だからこそ，「どこに使われている？」と聞かれると探したくなるのです。

言い換えのポイント

係活動に生かす

　3年生以降の「D　データの活用」の学習で各種グラフを使えるようになった子供たちは，係活動でつくる「係新聞」にグラフを使うようになります。

データを集めて，落ちや重なりがないように確認して，目的に応じてデータの取り扱いを考えてグラフ化していました。そして，それを印刷・掲示して学級へのお知らせとしていました。6年生ともなると，表計算ソフトで平均値を出したり，男女別に集計したりとICT機器を使いこなしています。このように，教室の中でも算数を

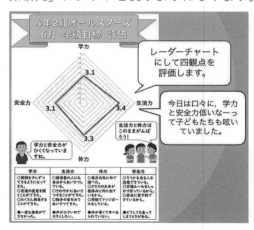

日常に生かす活動を位置づけることができます。教師も，子供からとったデータを元に，学級力をグラフ化しています。

💬 教室から飛び出そう！

　子供に「算数が日常でどのような場面に使われているか？」と問うたのに，教室の中だけで済ませてはもったいないですよね。もちろん教室の中にも算数は隠れていますが，教室の外はもっと算数で溢れています。

　特に単位の学習には最適です。重さの単位を学んだ子供は，保健室を訪ねて体重計に乗せてもらっていました。水のかさの単位を学んだ子供は，家庭科室に行って計量カップを見つけ出しました。「円」を学んだ子供は，校内の円を探してまわりました。面積の単位を学習した子供は，メジャーを用いて多目的室の広さを表していました。そうやって学んだことを算数として日常にアウトプットする経験は子供にとってかけがえのないものです。「座学」というイメージの算数の学習が，アクティビティを盛り込むことでより活発になるだけでなく，現実世界と数学世界の往還という学習指導要領がねらっている子供の姿にもつながっていくのです。

💬 班での測定活動

　「C　測定」領域の学習となると，個人で見つけたり測定したりすることは難しいです。班などの少人数グループで活動することで，「使われている場所」だけでなく，その測定まですることができます。

CASE
49　子供に「いやいや！」と言わせたいときに

NG　これは間違っていますか？

OK　先生は，〇〇だと思うのだけれど
どうですか？

どうしてNG?

　先ほどの項で述べた「問題設定の工夫」の中で言うと，「6：誤答」の提示にあたります。誤答自体は子供たちにとって興味関心の惹かれるものではありますが，「間違っている前提」よりも，「先生は〇〇だと思う」という主張の方が教師vs子供の構図をつくりだします。

言い換えのポイント

 何通りあるかの組み合わせを生かす

　問われていることに応じてフレキシブルに考えをつくることができる問題があります。例えば，「いくつかのカードを並べ替えて〇〇な数をつくる」ような問題が挙げられます。3年生の学習で，1～3までの数を用いて数をつくるというものがあります。子供は試行錯誤的に数を当てはめていきますが，その中で一番大きな（小さな）数を考えることはできても，その組み合わせをすべて見つけられるまでには思考が行き渡りません。そこをついて，「2番目に大きい数は123だね」と言います。子供は一番小さい数も調べていることでしょうから，「いや，違う。だってそれは一番小さい数だから…」と説明を始めます。

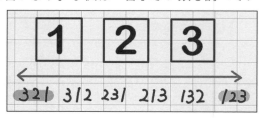

子供から出てきた言葉を生かす

　子供から出てきた考えの真逆を言ってあげる問い返しの仕方もあります。例えば，５年生「単位量あたりの大きさ」の学習（前項で説明）の中で，「１人当たりの広さ」と「１㎡当たりの人数」で考えが出揃ったとします。そこに，教師が，「１㎡当たりの人数は，２人よりも2.5人の方が数が大きいから，答えはＢではないの？」と問います。すると，一瞬考えた子供たちは，「いやいや，先生。それはおかしいですよ！　だって…」と言い始めます。もちろん，ここで，誰かを指名して説明してもらってもよいのですが，全体で理解

	人数（人）	面積（㎡）
A	12	6
B	10	4

C1：１人当たりの面積を求めると、Aは0.5㎡で、Bは0.4㎡なので、Aが広いです。
C2：１㎡あたりでも比べられます。Aは１㎡あたり２人で、Bは１㎡あたり2.5人だからAが広いです。
T：２人と2.5人だったら2.5人の方が数が多いから、Bが広いのではないですか？
C：いやいやいや！先生、違いますよ！だって・・・

を広めるためにも，ペアやグループに落として，教師を納得させられるような説明にまで高めるように，声かけをしましょう。そのワンクッションがあることで，子供たちが同じ方向を向いて全力で教師の説得に当たってくるようになります。

教師も１回で聞き入れない

　子供は寄ってたかって「教師の説得」に当たってきます。きっとたくさんの算数的な言葉を駆使してくることでしょう。しかし，こちらも簡単に折れてはいけません。「何で？」「だって〇〇じゃん！」と混乱しない程度に言い返してみると，さらに盛り上がりを見せます。

CASE 50　子供に成り立たない理由を考えさせたいときに

NG　○○は〜だからできませんね

OK　どうして○○ではできないのですか？

どうして NG?

　「できる理由」を答えさせるよりも，「できない理由」を考えさせる方が子供にとってハードルが高いです。それを，問うことは子供の思考を深めていく上で大切ですが，こちらから「できない理由」を説明してしまっている授業も少なくありません。「できない理由」を問うために，どのような仕掛けが必要か考える必要があります。

言い換えのポイント

 「既習」とつなげることができる工夫

　この前の時間との違いから，「できない理由」を考えさせることもできます。この方法は，小さい手立てに見えて，本時の「見通し（内容と方法）」やそこから見いだす問いなどにもつながる大きな手立てです。例えば，前時

に，平行四辺形や台形の面積を求めてきた子供たちは，おそらくこの問題において，「底辺」と「高さ」を探すはずです。しかし，ひし形の中に高さを見つけることはできません。だから，「高さが見つからないので今までの公式が使えない」という根拠が「できない理由」を答えることになります。

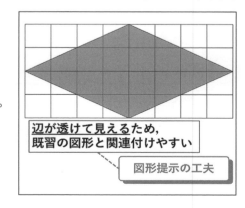

辺が透けて見えるため，
既習の図形と関連付けやすい

図形提示の工夫

帰納的な思考を働かせる

　帰納的な思考とは，「いくつかの考えの共通点から言えるきまりを見つける」という思考です。帰納的な思考を働かせることの重要性として2つ挙げられます。1つ目が「共通する解き方や性質を見つけ出す」ということ。2つ目が，「共通点のないものについて仲間として認識しないこと」です。「できない理由」を問うときには，後者の「共通点のないものについて仲間と認識しないこと」が大切になってきます。

　例えば，2年生の「三角形と四角形」の学習において，直角三角形の仲間分けをするときに「直角」の要素が必要になります。そうなると，それ以外の三角形を弁別する際にも「直角の要素」が必要になりますよね。直角三角形を2枚つなげて，大きな直角二等辺三角形

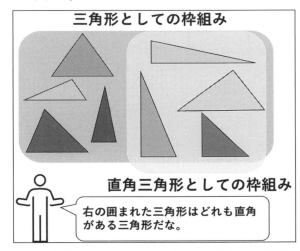

をつくったときに，「どのような三角形でもできますか？」と問うと，「直角三角形じゃないとできません」と返ってきます。そこで，「どうして，直角三角形じゃないとできないのですか？」と問うことで，「この辺とこの辺がピッタリ重なるためには，直角じゃないといけなくて…」と，説明し始めます。突き詰めていくと，角度の大きさが合わせて90°になればよいのですが，角度の思考は2年生にはないため，このように「直角」を使ってできない理由を説明させる必要があるのです。

CASE
51 きまりと言える理由を考えさせたいときに

NG 面白いきまりが見つかりましたね

OK 本当にきまりと言っていいですか？

どうしてNG？

　「きまり」を見つけたときの子供の顔って本当にいい表情をしていますよね。「なるほど！」「確かに！」など口々に言っている姿を想像しただけでご飯が進みます。もっともっと子供のいい表情を生み出すために，「きまりと言っていいか？」という証明までさせていきましょう。どの場面でもという証明ができればもっと子供の顔は輝くはずです。

言い換えのポイント

💬 「どれも〇〇になっている」と言ってもらうために

　「どれも」という言葉を引き出すためには，板書上に情報が複数並んでいる必要があります。それもわかりやすいように系統や順序を考えて並べる必要があります。欲を言えば，その中で子供に着目してほしいことが横ないし縦に並んでいることが望ましいと考えています。そして，それは子供が並べて整理できるとよりよいでしょう。

2桁をひっくり返して ひき算すると…

$$32 - 23 = 9$$
$$21 - 12 = 9$$
$$43 - 34 = 9$$

差が1　↓　必ず9.
$$21 - 12 = 9$$
$$32 - 23 = 9$$
$$43 - 34 = 9$$

↳きまりが 見えてくる‼

　右の資料は，まだ並べられた状態ではありません。これを整理することで，見えてくることがあるはずです。

⑤ きまりの範囲を問う

　右のような計算式があります。１をか
けているので，答えは，そのままの数に
なります。ではかける数を少しずつ増や
してみることにしましょう。かける数が
増えていくと自ずと答えも大きくなって
いきます。さてここで，子供たちに問い
ます。「この答えの共通点は何ですか？」
と。子供たちは最初「？」が浮かんでい
ますが，次第に，「同じ数を使ってい
る！」「本当だ！　少しずつずれたもの

$$142,857 \times 1 = 142,857$$

$$142,857 \times 1 = 142,857$$
$$142,857 \times 2 = 285,714$$
$$142,857 \times 3 = 428,571$$
$$142,857 \times 4 = 571,428$$
$$142,857 \times 5 = 714,285$$
$$142,857 \times 6 = 857,142$$
$$\cdots$$

が答えになっている！」と口々に言い出しました。ここに気づいたのなら，
こっちのものです。「では７をかけたらどうなるかな？」という問いに，「か
けられる数の上から２つの数が14だから，14×７で98から始まる数になるか
も」「あれ？　でも９という数は答えの中にないよ？」と子供の混乱が広が
っていきます。それもそうです。このきまりが成り立つのが，６をかける式
までなので，子供たちにわたした×７は違う答えになります。「先生，入れ
替えた数になりません」という子供の言葉自体が，すでにきまりを使おうと
している姿であるし，きまりの限界に気づいた言葉です。こういった経験を
積ませてあげることが，試行錯誤しながら考える力につながります。

⑤ 「いつでも使える」をアピールポイントに

　きまりのよさは一定の条件下においていつでも使えることにあります。学
習過程の中に，自分で問題をつくってそのきまりを当てはめてみるという活
動を取り入れても「きまりのよさ」を実感できるようになります。

CASE
52
考えを今までの学びと統合させたいときに

NG 同じ考え方ができますね

OK 何かと似ている気がするのですが…

どうして NG?

統合的・発展的に考えることは，学習指導要領の中でも大切にされていることです。だからこそ，子供に発見させたいし，子供の言葉で説明させたいところ。そのための仕掛けをつくることで，子供たちが統合的に考えることができるようになります。

言い換えのポイント

 ### 1単位時間でねらうなら「集合」「補完」がおすすめ

「1単位時間内での統合をねらう」とは，1単位時間の中で，いくつか似た事象が存在して，その共通点から一般化していつでも使える考え方に練り上げるということです。

帰納的思考に通ずるところがありますが，統合的思考の観点として「集合」「拡張」「補完」の役割が存在します。特に1単位時間内で統合的思考を働かせようとするならば，「集合」「補完」が比較的，問題設定としては簡単にできます。

【集合の例】 2，4，6…から共通の性質を見いだして「偶数」という
1つのものにまとめるというように**集合**から捉える。
【拡張の例】整数の情報の意味や形式を，少数，分数の場合にも考えら
れるように**拡張**して捉える。

【補完の例】乗法九九を構成する際に，1の段を加えて，九九表が完全になるように**補完**して捉える。

💬 他単元，他学年を通して考えるなら「拡張」がおすすめ

統合的な思考の中で「拡張」の思考パターンは1単位時間内に収めることが比較的難しいと考えています。なぜなら，他単元や他学年を横断して考える統合的思考であるからです。

以下に例示しているように，小数や分数の学習のときに，子供たちには計算のきまりがいまいちピンときていないことはありませんか？ しかし，数の構造は基本的には「単位量のいくつ分」で構成されているわけですから，1のいくつ分が整数なら，0.1のいくつ分で小数なわけです。この考え方は，教科書にも載っていますが，見落としていたり，読んだだけではわからなかったりします。「何かの考えに似ている気がするのだけれど…」はここで発動することができそうです。

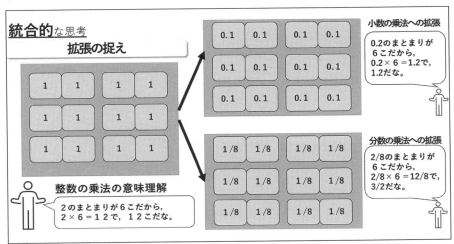

CASE 53

他の場面でも考えたい！と思わせたいときに

NG 2問目はこれです

OK できるのは
この式のときだけですよね？

どうして NG?

　「これでできたのなら，もっとこうしてみたいな」と考えるのが，発展的思考です。その範囲にとどまらず，思考の範囲を拡張していくことを学習指導要領もねらっています。「A 数と計算」領域や「C 変化と関係」領域などでは，あまり自分から式を変えたり，範囲を指定したりすることは経験しないので，大切にしたい発問です。

言い換えのポイント

 まずはつかみで「？」を引き出しておく

　「495」という数があります。これを，「カプレカ数」と言います。この数を使って不思議体験をしていきます。「4・9・5」の数を入れ替えてできる最大値と最小値はそれぞれ，「954」と「459」です。さて，今からこの2つの数をひき算します。するとどうなるかというと，「495」になります。入れ替えてひき算しても同じ数になってしまう数。それが「カプレカ数」なのです。子供たちに説明すると，「何で何で？」「すごい！」と口々に言います。おそらく初めて見た先生方も「何で？」となっていると思いますが，小学校レベル外の数学的な証明になるので，ここではやめておきましょう。

　話は逸れましたが，ここで上記の発問をするわけです。

　「できるのはこの式だけですよね？」

　どうです？　調べたくなってきたでしょう？

他の数では成り立たない…こともない

　さて，先ほど「できるのはこの式
だけですよね？」と言われて燃えて
いる子供たちは，「他の3桁の数」
を使ってカプレカ数を見つけようと
します。この時点で，発展的な思考
は働いています。「1つだけではな
くて，他の3桁の数で見つけようと
している」わけですから，十分な思
考です。さて，多くの子供たちは，
ここで壁にぶつかります。カプレカ
数にならないわけです。しかし，別
の子供たちは，見つけている状況を

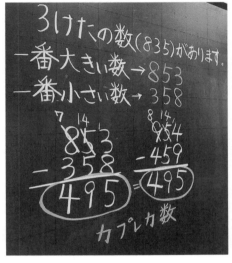

見て，3桁の数にきまりがあるのではと考え始めます。そして，それぞれが
つくっている式と答えが，少しずつつながっていることにも気づきます。そ
うして，カプレカ数は「495」しか存在しないということに気づくわけです。

もう少し発展させる

　なるほど，カプレカ数は495ということがわかった子供たちに，次のよう
な呟き（発問）をします。「4桁はあるのかなぁ」さぁ，子供たちの目が変
わります。誰よりも先に見つけてやろうと躍起になって考えてくれます。

　ちなみに4桁にもカプレカ数は存在するので時間があれば計算してみてく
ださい。何回かやれば必ず見つかります。あと，5桁の場合は存在しないそ
うです。子供に「見つけたらノーベル賞だね」と言うと，更に意欲的に計算
を進めていました。

CASE
54 他の場面でも考えたい！と思わせたいときに（図形）

NG 2問目はこれです

OK できるのはこの形のときだけですよね？

どうしてNG?

発展的思考をさせるときに，「B 図形」領域は他領域と異なり比較的簡単に位置づけることが可能であると考えています。しかし，しっかりと綿密な計画のもと，発展的思考が促されるように発問しないと，わかっている子供たちだけが取り組んでしまう二極化の授業になってしまいかねません。

言い換えのポイント

◯ 「何を変えたのか？」を明確にする

図形領域において発展的に思考するときに，気をつけたいことが「何を変えたのか？」を明確にすることです。例えば，5年生で平行四辺形の面積に求め方を学習したときに，その発展的思考として考えられるのが，「辺の長

さの変更」「角度の大きさの変更」の2パターンです。自分がどちらに思考を発展させて考えたのか，子供自身が明確に考えをもって回答し，説明する必要があります。何でもかんでも「変える」のではなくて，自分が「これでもできるのかな？」と疑問に思った方向に発展させる必要があります。

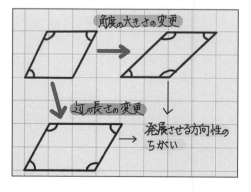

💬 統合→発展→統合の思考パターンに浸る

「統合・発展」というように分けて表記されていないのには理由があります。それは、「統合するとそれは発展的思考に向かうし、発展することによってまた何かと思考が統合していく」という思考の連続性を意味しているからだと考えています。そうすると、学習の中でも統合と発展を切り離して考えるのではなく、統合的な思考を働かせたあと、発展的な思考になるように発問し、さらにその中で統合的思考が働くような学習指導過程が望ましいでしょう。

例えば、3年生「三角形と角」と「円と球」の内容を資質・能力の面から取り出して教材化した学習において、「2つの等しい円の交点と中心を結んだ三角形は二等辺三角形になる」というきまりをいくつかの事象から帰納的に考え、考え方を統合しました。そのあ

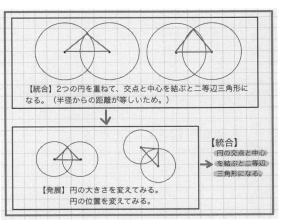

【統合】2つの円を重ねて、交点と中心を結ぶと二等辺三角形になる。（半径からの距離が等しいため。）

【発展】円の大きさを変えてみる。円の位置を変えてみる。

【統合】円の交点と中心を結ぶと二等辺三角形になる。

と、「円の大きさを変えたらどうだろう？」「円の重ね方を変えたらどうだろう？」と各々が発展的思考を働かせて追究をしました。すると、結果的に、「円の大きさが等しければ二等辺三角形ができる」という結論に至り、発展的な思考を含めて統合することができました。また、次の時間では、中心を円周に重ねることによって正三角形を作図する方法とその理由について統合・発展的に考える時間を設定しました。

このように、1単位時間内で統合と発展を繰り返す学習指導過程を位置づけることで、「発問」が効果的に働くのです。

子供の好奇心をくすぐりたいときに

NG　きまりはどのようなときでも成り立ちますか？

OK　きまりはどこまでなら成り立ちますか？

どうしてNG?

　いつでも使えるのが「きまり」。でも，それが，どこかの範囲から成り立たなくなるとしたら…。それを問うときの発問としては，「イエス or ノー」で答えられるものではなく，「どこまでなら」という子供たちに範囲を見つけさせる発問を投げかけてみましょう。

言い換えのポイント

範囲を可視化してあげる

　きまりの範囲と言われてもピンとこない子供たちもいます。きまりとして抽象化されているため，もう一度具体に戻すプロセスの大切さを再認識させてくれます。4年生「およその数」の学習において，「四捨五入して○○になる数の範囲」を調べる内容があります。こういったものについては，図や数直線で範囲を示してあげることで，思考がスムーズに進みます。

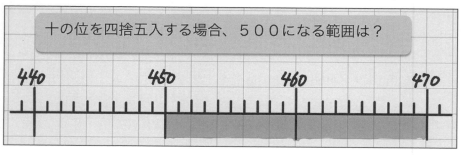

十の位を四捨五入する場合、500になる範囲は？

440　450　460　470

きまりの範囲を問う

こんな計算をやってみたこ
とはありませんか？　全部答

$$12{,}345{,}679 \times 9 = 111{,}111{,}111$$

えが１になって気持ちいいですよね。かけ算の筆算を展開していく中で，こ
ういったきまりがある計算は，答えを推測してから計算をするので，計算が
苦手な子供でもストレスが少なくなります。

さて，この計算，かける数
を99，999…と増やすと答え
はどうなるでしょうか？

計算してもらうのも大変な
ので，右に示しておきました。

$$12{,}345{,}679 \times 9 = 111{,}111{,}111$$
$$12{,}345{,}679 \times 99 = 1{,}222{,}222{,}221$$
$$12{,}345{,}679 \times 999 = 12{,}333{,}333{,}321$$
$$\cdots$$

桁が増えるに従って，間に２，３が入ってきました。子供たちも計算しなが
ら，「おぉ〜」と声をあげます。さて，ここからが問題です。このまま999，
9999とかける数を増やしていけば，４や５が追加されていくことでしょう。
では，どこまでこのきまりが成り立つでしょうか？　先に答えを言うと，
999,999,999をかけると，123,456,578,987,654,321という数が出て，それ以上
増やすと，真ん中の９だけが増えていきます。もちろん，こんなに大変な計
算は子供たちにはさせませんが，電卓を使いながらどこまでがきまりが成り
立つ範囲なのかを考えることで，「きまりの範囲」という新たな見方を獲
得することができます。

 ## その単元でのキーワードに設定

子供たちと共有すればするほど，学習の中で使ってくれるようになるのが
「きまり」。キーワードとして掲示物にしたり，画用紙に書いてマグネットを
貼ったりして，学習中にいつでも見られるようにすることも大切です。

CASE 56 問題をつくって解かせたいときに

NG 他にも問題をつくって考えてみましょう

OK 問題をつくるときに変える／変えないことは何ですか？

どうしてNG?

　学習の終末段階で問題づくりをすることがあるかと思います。さて，「他にも問題をつくって考えてみましょう」となったときに，どんなことが起きるでしょうか？　おそらく，子供によって問題づくりの条件がかなり違って，大変なことになるでしょう。そうならないように，あらかじめ条件を決める必要があります。

言い換えのポイント

 「問題の何を変えようとしているのか」を子供が考える

　計算問題であれば，「整数を分数にしてみる」「乗法を除法にしてみる」といった変更の仕方があります。図形の問題であれば，「辺の長さを変えてみる」「角度の大きさを変えてみる」といった変更の仕方があります。データ活用の問題であれば，「縦軸を変えてみる」「元々のデータを変えてみる」などの変更の仕方があります。ただ，これを条件統制せずに，もしくは把握せずに子供たちにつくらせてしまうと何が起きるでしょうか？　きっと，「それぞれが何かをしていて，よくわからない状況」になってしまいます。

　そこで子供に，「何を変えようとしているのか？」を聞いて，ノートに書かせておきましょう。子供は，自分が変えようと思ったことをもとに問題をつくってみます。つくったものがその変更の条件と合っていれば，それ通りに問題を改変することができたと言えるでしょう。ここでねらうのは，あくまでも問題への適用ですから，数を変えるくらいでちょうどよいのです。

ICT機器を用いて問題を大募集

ICT機器の使い方に慣れている子供たちであれば，自分たちでつくった問題をみんなに出して，解いてもらうことができます。共有ソフトなどを使って子供たちに課題として配布すれば，ほんの5分もすればこちらが時間をかけて用意するよりも多く問題を用意することができます。

そしてその中に，「私は平行四辺形の辺の長さを変えてみました」「僕は，平行四辺形の角度を60°から45°に変更してみました」等のコメントを加えておく

ことで，解く側の子供たちからしても，何を変えた問題なのかを把握することができます。他にも宿題で問題を解かせるのではなく，問題をつくる宿題を出すと，子供自身もかなり考えて問題をつくってきますし，問題づくりのポイントも理解することができるようになります。

 問題づくりに向かない問題もある

数のピラミッドという加法減法を用いた計算パズル自体は難しくないですが，つくるとなると話は別です。かなり，先の先を考えて，逆思考的に問題をつくらないといけません。その学年の発達段階に問題づくりが適切かどうかを判断してあげる必要があります。

CASE 57

まとめの言葉が感想にならないようにしたいときに

NG 今日わかったことは何ですか？

OK めあてを達成するために
大切だったことは何ですか？

どうしてNG?

　先生方は，学習のまとめを子供に書かせる派ですか？　それとも，教師が書いたものを写させる派ですか？　どちらにしろ，子供が今日の学びを振り返って自分のものにしておかないと，算数科の学びは積み上がっていきません。そのためには，「めあて」に戻ることが大切です。

言い換えのポイント

 「めあて　いる／いらない」論争は置いといて

　自治体によっては，学習のめあてを黒板に示さない自治体もあるのですね。もちろん，「めあては必要です！」とか「めあては必要ありません！」とか言うつもりはありません。それよりも，子供たちが45分の終わりに，自分の学びを振り返るためのスタート地点が示されているのか？　ということが大切です。それは「めあて」という形かもしれないし，最初に感じた「問い」なのかもしれません。そして，それを教師が，「最初の自分と最後の自分」を比較する場を設定してあげる必要があります。このように本を書きながら，いろいろな自治体の先生から話を聞く中で感じたことです。

　せっかく板書しためあても頭の中にこびりついた問いも，こちらが意識してつなげてあげないと，子供たちは結果だけを飲み込むことになります。「〇〇のために〜を使って計算してみたら，やっぱり…」とか，「最初にもった〇〇な問いは〜な考えによって…」と昇華させてあげたいですね。

💬 板書でストーリーを描く

　前項でも書いたように板書は，ひと目見て学習内容や子供の思考がわかるようにしてあげたいです。私の住んでいる福岡県は，こういった板書の形が多いそうです。特に，左側に問題と問い，真ん中にめあてと考え，右に問題2，3やまとめがくる板書構造がオーソドックスな形のようです。初任者からこういった板書の形は先輩に教わりながら学んでいましたが，附属小学校に来た今でもこの型は自分の中でしっくりきています。それは，学びのストーリーが見やすいということが理由です。これは，あとで見返した子供が自己の学びを振り返るための材料になるというためでもありますし，この板書をそのまま若手の先生に渡すこともできるという点でかなり構造化されていると言えます。

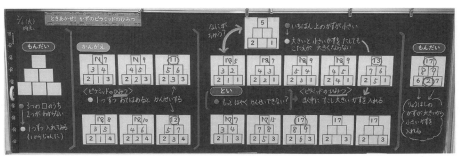

💬 書けない子供は，隣と話し合う場を

　必ずしも1人で振り返る必要はないと思っています。一緒に学んできて，一緒につくり上げた考えを，最後に自分に落とすときに1人じゃなくてもいいと思いませんか？　「誰かと一緒に考えていいですよ」という声かけで自分だけの力では難しい子供たちも救われます。

CASE
58
「楽しかった」で終わらないようにしたいときに

NG 楽しかったことは何ですか？

OK どのようなことに
面白さを感じましたか？

どうして NG?

　学習の面白さを再認識させることは，どの教科においても大事なことですが，それを「楽しかった」で終わらせると，次の学習につながっていきません。「面白いと感じたこと」を具体的に想起することが大切です。

言い換えのポイント

 「結果」ではなく「過程」の面白さを問う

　子供に振り返りを書かせると，「問題を解くことができて面白かった」「新しい公式がわかって面白かった」などの文章が散見されます。第三者から見ると，文章の前後のつながりが全くわかりません。しかし，これは子供が悪いわけではありません。教師が子供たちに○○ができたという「結果」についてばかり問うていることで，そのような文章になるのです。そして，それはきっと，次の学習につながる振り返りにはなりません。次につながるようにするために，「過程」を問うようにしましょう。算数科は答えを出すことを楽しみにすることと同時に，その過程にある手続きの省略や方法の選択などに面白さを感じる教科でもあります。「平均を出すときに感じた面白さって何？」と問うと，「異常値は全体の数に入れないということが面白かったです！　普通なら入れてしまうもん」と，これから，出会うであろう平均値を使う日常場面での適用が見える振り返りになります。

💬 「過程」と「結果」が見えるようにしておく

　「過程」を大切にしなければならないことはわかっていても，過程は目に見えないですし，頭の中に残っているもので話をするので話し合い自体も空中戦になってしまいます。そこで，「過程」と「結果」が同時に見えるようにしておくとよいでしょう。正方形を直線で分けていく活動で，三角形と四角形，そのほかの形に弁別をしました。子供たちは，最初，正方形だったものの中に，様々な図形が現れていくことに子供たちは楽しさを味わっていました。そして，その中で，「ここで分けたら三角形になるな」「こうやって分けたらどうなるだろう」と試行錯誤しながら，自分が目指す形につくり

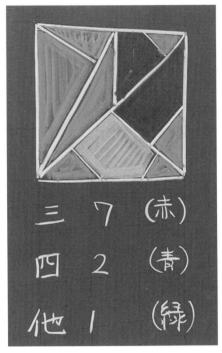

上げていきました。このときに，２つ正方形を用意しておき，１つの正方形のみを用いて形をつくっていくことで，ビフォーアフターが見えるようになります。

💬 「クローズドエンド」と「オープンエンド」を使う

　学習の終末段階では，収束させるクローズドエンドと拡散していくオープンエンドの問題設定があります。子供が面白いと感じることをアウトプットできるように，学習内容がどちらに向いているのか，判断して学習指導過程内に位置づけていくとよいでしょう。

CASE
59　教師が言ったことだけがまとめになってほしくないときに

NG　まとめを書きましょう

OK　今日の発見をノートに書きましょう

どうして NG?

　まとめを自分の言葉で考えて、ノートに書くことはとても大切です。なぜなら、ノートを見返したときに、どのような思考過程をたどったのか、追体験ができるからです。その追体験が導入段階でできるようになるために、前時のまとめの時間が大切です。しかし、文章は難しい。「発見」として、様々な方法でまとめを考えられるようにしましょう。

言い換えのポイント

○　「学習してきたことすべて」がまとめに通ずる

　学習の一部を切り取ってまとめをつくることはできません。逆を言えば、学習のすべてがまとめにつながっていくということです。子供たちがノートに表現したことは、すべてが子供のまとめになっていきます。だからこそ、子供のノート記述には気を配りながら授業を進めましょう。まとめの段階に入ってたときにノートにまとめをつくるだけの情報がないことが最大のトラブルです。特にデータの活用の学習では、グラフとそこからわかることくらいはノートに書いてある状態にしてあげたいですね。

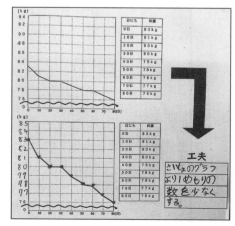

他教科との関連を図ってみる

　「算数の日常化」は非常に大切なことです。しかしながら，どうしても日常計算の問題に終始してしまうという現状があります。周りを見渡してみれば算数が使われている日常の事象は無限にあります。例えば，日頃聞いている音楽なんてのも算数が使われているものの1つです。4分の4拍子は1小節に四分音符が4つ入るということ。それは，4分の1が4つで1を表す分数と同じですよね。算数と音楽を合科的・関連的に捉えた学びを展開することで，音楽をつくり出すときに算数的な思考が働き，日常に隠れている算数科の面白さにも気づくことでしょう。

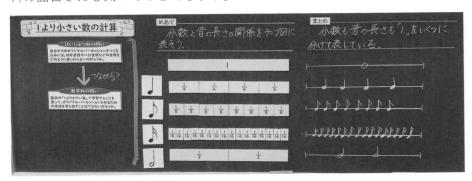

　上の図は，分数の1と1小節を比較した板書です。これだけでもかなり算数と音楽は関連していることがわかりますよね。これまでに様々な定理を証明してきた数学者の中には音楽を得意とし，音楽の世界を数学でつないでいた人物も多いそうです。そういったエピソードなんかも子供たちにとっては新鮮であるし，そこを紐解くプロセスが子供にとっての算数の面白さになりますよね。

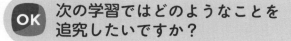

CASE 60　次の学習への意欲をもたせたいときに

NG　次の学習は○○していきましょう

OK　次の学習ではどのようなことを追究したいですか？

どうしてNG?

　「次の学習への展望」は子供にとっても気になるところです。しかし，受け身である必要はありません。むしろ，「どのようなことがしたいですか？」と問いかけて，「今度は，○○してみたい！」と答えてもらえるような学習のまとめにしたいですね。

言い換えのポイント

💬 「もっと○○できないかな？」という思考になるように

　前項で示した，音楽と算数の合科的・関連的学びの中で，「タンタンタンタンという同じリズムのときは，4分の1が4つでいいけれど，タンタタタンタタみたいなリズムのときはどうしたらいいのだろう？」という異分母での分数の組み合わせに目を向ける子供が出てきました。もちろん「次やってみたいことは何？」と聞いたら「違うリズムを分数で表したい！」となりました。

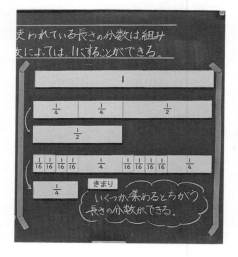

138

まるっと追究の時間を単元終末に

　単元の終末段階って何をしますか？　習熟を図るためのプリントですか？
教科書についている練習問題ですか？　子供たちはそれらに取り組んで算数
の楽しさを味わえているのだろうかと常々思っています。

　もちろん，習熟は大切です。しかし，算数の面白さを味わせたいという意
図からすると，単元末は「追究」に時間を割いてあげたいなとも思います。
単純にその単元で学んできたことを，自分なりにアウトプットする時間があ
ってもよいということです。それは，もちろん練習問題をガンガン解いて，
レベルアップを図る子がいてもよいのです。一方で，自分で仮説を立てて，
それに向かって調べたり，ときには友達と協力したりしながら，自分の問い
をクリアにしていく学びをしている子供も魅力的ではないですか。

　そのように毎回の単元を構成し
ておけば，終末段階に向けて「ど
のような追究をしようかな？」と
いう思考の流れが発生し，自然と
「次の学習では何を追究したいで
すか？」という発問に答えられる
ようになります。学年の発達段階
に応じて，それを学級全体で報告
する場を設けたり，学級通信
や懇談会での資料として載せ
たりすることで，子供自身の
追究意欲だけでなく，自己肯
定感も高めることができるシ
ステムになりうると考えてい
ます。

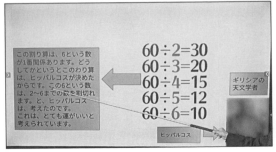

おわりに

　本書の執筆にあたって，最初に頭の中に浮かんだのが，

「子供は教師の言葉かけに対して，どのような反応するだろう？」

ということでした。どの教科にしても授業を考えるときに最初に考えるのは，間違いなく「子供の姿（ねらい）」であろうと思っています。算数科も例に漏れず，ねらいを設定し，その子供の最終的な姿から逆算して授業設計します。その逆算設計をしているときに，場面ごとにおける子供の経過段階の姿を想像してみました。すると，「〜が使えると思います」「〜だったらどうなるだろう？」といった子供の声が聞こえ始めました。場面ごとの子供の姿も，教師がねらっている姿の１つです。そうしたら，その姿を引き出すための「教師の言葉」が必要になってきました。

　それを，45分間丸ごと「教師の言葉」に絞って考えたのが本書でした。

　子供の姿を引き出すために教師が言葉を発するということは，基本的なことのようでなかなか上手くいかないものです。教師の都合や計画に合わせて機械的に言葉を発してしまうことは私だってあります。そのたびに，「子供たちに申し訳なかったな」と反省する日々です。さらには，教師が想定していないことを子供が発言したり，思考したりするとあっという間に45分が崩れていってしまいます。

　教師の言葉かけ１つで子供の思考を深めることも，逆に止めてしまうことだってあります。思考を止めてしまうときはやはりバイプレイヤーである「教師の言葉かけ」を疑うことにしました。そして，そうならないようにす

るためには，どのような言葉かけが適切か？　そしてその周りの環境の設定として何が必要か？　を考えていきました。その繰り返しをする中で本書が書き上げられていきました。

　そういったことから，本書を執筆しながら私が心がけたのは「教師が発する言葉のための本」ではなく，「子供たちの頭を算数にする本」にすることなのだと再認識することができました。

　今の私は算数科の研究にどっぷりとつかることのできる環境にあります。その中で「子供の姿」で見せることと「教師の手立て」で語ることの大切さを身に沁みて感じています。その手立ての１つとして教師の言葉かけが入ってくるといいなと思っています。目の前にいる子供たちがどう出てくるかがわからないからこそ，この「教師の言葉かけ」を大切に今後も研究に邁進して行きたいと思います。

　結びになりましたが，本書の執筆にあたり，最後まで伴走していただいた明治図書出版教育書編集部　新井皓士様をはじめ，多くの関係者の皆様にお礼を申し上げます。

2024年５月

渡邉　駿嗣

参考文献一覧

- 全国算数授業研究会編著『授業改革の二大論点　算数の活動・算数の活用』(東洋館出版社　2018)
- 新算数教育研究会編『イラスト図解ですっきりわかる算数』(東洋館出版社　2023)
- 盛山隆雄・加固希支男・山本大貴・松瀬仁著『数学的な見方・考え方を働かせる算数授業』(明治図書　2018)
- 片桐重男著『名著復刻　数学的な考え方の具体化』(明治図書　2017)
- 盛山隆雄著『思考と表現を深める　算数の発問』(東洋館出版社　2021)
- 飯田慎司著『若手教師のための算数指導66の教養』(明治図書　2020)
- 東京学芸大学附属小金井小学校算数部編／加固希支男・中村真也・田中英海著『算数授業　発問・言葉かけ大全　子どもが考えたくなるキーフレーズ100』(明治図書　2021)
- 松田翔伍著『算数科　主体的に学習に取り組む態度を評価する　7つの姿20のアクション』(東洋館出版　2023)
- 中原忠男著『算数・数学教育における構成的アプローチの研究』(聖文新社　1995)
- 盛山隆雄著『子どものココロに問いかける　帰納・演繹・類推の考え方「数学的な考え方」を育てる授業』(東洋館出版社　2012)

【著者紹介】
渡邉　駿嗣（わたなべ　としつぐ）
福岡教育大学附属福岡小学校教諭。
福岡県公立小学校教員を10年経験したのち現職。
専門は算数科。「ミニ数学者」を育てるための授業を展開。
Instagram では学級経営と教科教育について理論と実践を紹介。
フォロワー数１万人越えのインスタグラマー。

いつもの授業がもっとうまくいく
算数授業の言い換えノート

2024年６月初版第１刷刊　Ⓒ著　者	渡　邉　駿　嗣	
2024年８月初版第２刷刊　　発行者	藤　原　光　政	

発行所　明治図書出版株式会社
http://www.meijitosho.co.jp
（企画）新井皓士（校正）吉田　茜
〒114-0023　　東京都北区滝野川7-46-1
振替00160-5-151318　　電話03(5907)6701
ご注文窓口　　電話03(5907)6668

＊検印省略　　　　　　組版所　広 研 印 刷 株 式 会 社

本書の無断コピーは，著作権・出版権にふれます。ご注意ください。

Printed in Japan　　　　ISBN978-4-18-374232-2
もれなくクーポンがもらえる！読者アンケートはこちらから

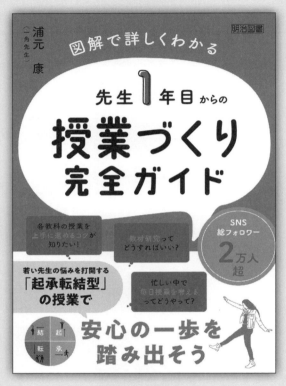